AS THE FRENCH SAY

COMME DISENT LES FRANÇAIS

English/French Idioms and Expressions

AS THE FRENCH SAY

COMME DISENT LES FRANÇAIS

English/French Idioms and Expressions

Compiled by

F. C. Whitaker

ACADEMIC PRESS CANADA

A WINDJAMMER BOOK

Academic Press Canada
55 Barber Greene Road
Don Mills, Ontario
M3C 2A1

First Edition 1969

First Windjammer edition 1973

Reprinted 1975, 1979, 1981, 1983, 1984

ISBN 0-7747-0006-8

Printed in Canada

ABOUT THIS BOOK

In compiling this book my aim has been to provide those cosmopolitan people, and Canadians in particular, who are no longer satisfied just to get by with a stumbling literal translation from English to French, and vice versa, with a short-cut to a more extensive and flexible vocabulary. In my experience, by learning whole phrases one avoids the laborious process of translating word by word and ending up, in many cases, with an awkward un-French or un-English expression.

I have tried to by-pass translations that seem to me to be absolutely literal (an example might be "That's against the rules—C'est contre les règles") and to select idioms and expressions in general use, sometimes giving alternatives. Thus an English phrase may appear twice but with a different French translation and a French idiom be repeated with another English equivalent. For instance, "She had a close call" (380) and "She had a narrow escape" (887) are both translated "Elle l'a échappé belle"; given these examples, the alert reader will have no difficulty in translating "I had a close shave."

The fluent bilingualist will find many more such alternatives springing to mind but it is my hope that those I have selected will prove to the less fluent both useful and pronounceable. The phraseology given here ranges from the more formal, through the colloquial, to occasional slang; for, as M. Claude Dubois, editor-in-chief of the *Petite Larousse*, has noted: "One has to know how to use language in all the circumstances of life."

It is my hope also that this book may further an ever wider interest among people of goodwill both in "la belle langue" and "the tongue that Shakespeare spake." I acknowledge with gratitude indeed the inspiration of Madame Louise Bartholeyns of Belgium and P. C. Venne, Q.C., of Montreal and the kindly collaboration of R. H. Spencer and H. U. Whitaker.

F.C.W.

USER'S GUIDE

This book consists of three sections. The first is the List of Expressions, in which nearly five thousand phrases are set out side by side with their equivalents and numbered; the second is the English Index, listing alphabetically the English key-words to these phrases with the number or numbers by which they may be located; the third is the French Index, which also gives key-words alphabetically and the numerical clues to the whereabouts of each French phrase.

As an example: if you need the French for the English idiom "I am hard up" you look up the word "hard" in the English index; there you will find several numbers, among them 513, 514, and 515, and these will guide you not only to "I am hard up—Je tire le diable par la queue" but also to "He is hard of hearing—Il est dur d'oreille" and to "She is hard to please—Elle est difficile." So, as you search, you will acquire new phrases willy-nilly or, as the French say, bon gré mal gré.

Needless to say, the French index serves the same purpose in the same way. If you want the English idiom for "Cela fera l'affaire," you will find under "affaire" a battery of numbers which will lead you to "That will fill the bill" and also to "Cela ferait-il votre affaire?—Would that suit you?"

As in using a dictionary of quotations, if the first key-word that comes to mind fails to turn up the phrase you want, it will be worth while to try another. For instance, the French equivalent of "Once bitten twice shy" is "Chat échaudé craint l'eau froide"; if the key-word is not "chat" it will be "échaudé".

However, this compilation is not exhaustive and your phrase may not be here. If this collection inspires you to pursue your researches beyond its pages it will have served its purpose.

LIST OF EXPRESSIONS

I was taken aback.	1	Je restais déconcerté.
I shall abide by your decision.	2	Je m'en rapporte à vous.
I did it to the best of my ability.	3	Je l'ai fait de mon mieux.
All aboard!	4	En voiture!
About here *or* this way	5	Par ici
That's about right.	6	C'est à peu près cela.
It's about time!	7	Il est grand temps!
About what?	8	A quel propos?
How about a game of bridge?	9	Si on faisait un bridge?
Be quick about it!	10	Dépêchez-vous!
Above par	11	Au-dessus du pair
I was living above my means.	12	Je vivais au delà de mes moyens.
Above all	13	Avant tout
I am just back from abroad.	14	Je reviens de l'étranger.
There is a rumour abroad that	15	Le bruit court que

In the absence of definite information	16	Faute de renseignements précis
Are you a total abstainer?	17	Ne buvez-vous que de l'eau?
It's absurd!	18	C'est idiot! *ou* C'est ridicule!
It is the accepted custom.	19	C'est l'usage admis.
I accepted the inevitable.	20	Je me suis soumis au destin.
I met with an accident	21	Je me suis trouvé victime d'un accident.
Accidents will happen.	22	On ne saurait tout prévenir.
It would be a great help to me, if you could do it.	23	Cela m'arrangerait, si vous pouviez le faire.
He will never accomplish anything.	24	Il ne fera jamais rien qui vaille.
I did it of my own accord	25	Je l'ai fait de mon plein gré.
According to him	26	D'après lui
I acted accordingly.	27	J'ai agi en conséquence.
As per account rendered	28	Suivant compte remis
I settled the account.	29	J'ai réglé le compte.
I paid a thousand dollars on account.	30	J'ai payé mille dollars d'acompte.
Taking everything into account	31	Tout calcul fait
I was nervous on his account.	32	J'avais peur pour lui.
I can't account for it.	33	Je n'y comprends rien.
There is no accounting for tastes.	34	Des goûts et des couleurs, on ne discute pas.
To be strictly accurate	35	A proprement parler
He accused me of cowardice.	36	Il m'a taxé de lâcheté.
I am accustomed to rise early.	37	J'ai l'habitude de me lever de bonne heure.
That is not what I am accustomed to.	38	Ce n'est pas dans mes habitudes.
I am all aches and pains.	39	Je suis moulu.

The exercise has made my legs ache.	40	L'exercice m'a fatigué les jambes.
I achieved my purpose.	41	J'en suis venu à mes fins.
He will never achieve anything.	42	Il n'arrivera jamais à rien.
I acknowledge my mistake.	43	Je reconnais mon erreur.
I acknowledge receipt of your letter.	44	J'accuse réception de votre lettre.
I acquainted him with the facts.	45	Je l'ai mis au fait.
I became better acquainted with him.	46	J'ai fait plus ample connaissance avec lui.
He improves upon acquaintance.	47	Il gagne à être connu.
He walked across the street.	48	Il a traversé la rue.
When did you come across?	49	Quand avez-vous fait la traversée?
The idea crossed my mind that	50	L'idée m'a passé par l'esprit que
I caught her in the act.	51	Je l'ai pris sur le fait.
He was only acting or pretending.	52	Il faisait semblant.
He didn't know how to act or behave.	53	Il ne savait comment faire.
I acted for the best.	54	J'ai fait pour le mieux.
In actual fact or in fact	55	Effectivement ou en réalité
Do you actually or really mean it?	56	Êtes-vous sérieux?
One must adapt oneself to circumstances.	57	On doit s'accommoder aux circonstances.
On his own admission	58	De son propre aveu
It must be admitted that I am getting old.	59	Il faut reconnaître que je me fais vieux.
Without further ado	60	Sans plus de façons
I am all adrift (confused).	61	Je ne m'y reconnais plus.
I paid an amount in advance.	62	J'ai versé un acompte.

You will find it an advantage to act as they do.	63	Vous aurez avantage à faire comme eux.
He took advantage of me.	64	Il a abusé de ma crédulité.
You needn't advertise the fact.	65	Vous n'avez pas besoin de le crier sur les toits.
He will take nobody's advice.	66	Il n'en fait qu'à sa tête.
Do you think it advisable to wait?	67	Jugez-vous bon d'attendre?
What do you advise me to do?	68	Que me conseillez-vous?
That's my affair *or* business.	69	Ça, c'est mon affaire.
In the present state of affairs	70	Du train dont vont les choses
That affects me personally.	71	Cela me touche personnellement.
I fail to see how this affects you.	72	Je ne vois pas en quoi cela vous intéresse.
Nothing affects him.	73	Rien ne le dérange.
I took an affidavit.	74	J'ai fait une déclaration sous serment.
I cannot afford it.	75	Mes moyens ne me le permettent pas.
Can you afford the time?	76	Disposez-vous du temps?
I'm afraid to do that.	77	Je n'ose pas faire cela.
I'm afraid so.	78	J'en ai peur.
They are after you.	79	Il sont à vos trousses.
What is he after?	80	Qu'est-ce qu'il a en tête?
After hours	81	Après l'heure de fermeture
After all (*is said and done*)	82	Somme toute
They are at it again.	83	Les voilà qui recommencent.
Here we are again.	84	Nous voila de nouveau.
Never again!	85	Jamais plus!
Now and again	86	De temps à autre
What's his name again?	87	Comment s'appelle-t-il déjà?

I have nothing to say against it.	**88**	Je n'ai rien à dire contre.
I did it against my will.	**89**	Je l'ai fait malgré moi.
He is past middle age.	**90**	Il est sur le retour.
He does not look his age.	**91**	Il ne porte pas son âge.
That hat ages you.	**92**	Ce chapeau vous vieillit.
They are agents for	**93**	Ils représentent
Long ago	**94**	Il y a longtemps
Let us agree to differ.	**95**	Différons à l'amiable.
Unless otherwise agreed	**96**	Sauf arrangement contraire
This was agreed upon.	**97**	Il en a été convenu ainsi.
I do not agree with you.	**98**	Je ne suis pas d'accord avec vous.
The climate does not agree with me.	**99**	Le climat ne me va pas *ou* ne me convient pas.
Pork does not agree with me.	**100**	Je ne digère pas le porc.
I quite agree with you on that point.	**101**	Je suis tout à fait de votre avis là-dessus.
Agreed!	**102**	D'accord! *ou* ça me va.
Go on ahead!	**103**	Filez devant!
I am ahead of time.	**104**	Je suis en avance.
Go ahead!	**105**	Allez-y!
What ails you?	**106**	Qu'est-ce que vous avez?
What are you aiming at?	**107**	Où voulez-vous en venir?
Don't put on airs.	**108**	Ne faites pas le renchéri.
No two are alike.	**109**	Il n'y en a pas deux de pareils.
It's good to be alive.	**110**	Il fait bon vivre.
All but me	**111**	Tous sauf moi
That's all very well, but	**112**	Tout ça est bel et bien, mais
For all I know	**113**	Autant que je sache
For all I care	**114**	Pour ce que cela me fait
I am all for staying here.	**115**	Je ne demande qu'à rester ici.

All the better *or* worse	116	Tant mieux *ou* pis
He is not all there.	117	Il est un peu simple d'esprit.
After allowing for	118	Déduction faite de
Leave me alone!	119	Fichez-moi la paix *ou* laissez-moi en paix!
That alters the case.	120	Voilà qui change les choses.
He is greatly altered.	121	Il a bien changé.
I had no alternative.	122	Je n'avais pas le choix.
How much altogether?	123	Combien tout compris?
I am amazed at you.	124	Vous m'étonnez.
That amounts to the same thing.	125	Cela revient au même.
He will never amount to much.	126	Il ne fera jamais grand'chose.
I have ample time.	127	J'ai grandement le temps.
Who are you angry with?	128	A qui en avez-vous?
It annoys me.	129	Ça m'agace.
How annoying!	130	Quel ennui!
The annoying part of it is . . .	131	Le fâcheux de l'affaire, c'est que . . .
Without another word	132	Sans plus
That is quite another matter.	133	C'est tout autre chose.
One way or another	134	D'une façon ou d'une autre
That answers the purpose.	135	Cela remplit le but *ou* ça fera l'affaire.
He has a lot to answer for.	136	Il est responsable de bien des choses.
I was over-anxious.	137	J'étais porté à me tourmenter.
We had an anxious time of it.	138	Cela nous a causé bien des inquiétudes.
I am anxious to start.	139	Je suis pressé de partir.
Thanks! I've had it!	140	Merci, je sors d'en prendre!
Come at any time you like.	141	Venez quand bon vous semblera.

I expect him at any moment.	142	Je l'attends d'un instant à l'autre.
I am not any better.	143	Je ne vais pas mieux.
Anyone but him	144	Tout autre que lui
Can I do anything for you?	145	Puis-je vous être utile à quelque chose?
Anything else, madam?	146	Et avec cela, madame?
Anything will do.	147	N'importe quoi fera l'affaire.
Anything you like	148	Tout ce que vous voudrez
It is difficult to tell them apart.	149	Il est difficile de les distinguer l'un de l'autre.
That is quite apparent.	150	C'est évident.
That doesn't appeal to me.	151	Cela ne me dit rien.
The sun is just appearing.	152	Voilà le soleil qui se montre.
He failed to appear.	153	Il ne s'est pas montré.
So it appears.	154	Il paraît que oui.
She has a pleasing appearance.	155	Elle a un extérieur aimable.
One should not judge by appearances.	156	Il ne faut pas juger sur la mine.
That spoils my appetite.	157	Ça me coupe la faim.
That gives me an appetite.	158	Ça me met en appétit.
I broke the appointment.	159	J'ai manqué au rendez-vous.
I fully appreciate that . . .	160	Je me rends bien compte que . . .
I appreciate all you have done.	161	Je ne méconnais pas vos services.
He is a man easy of approach.	162	C'est un homme d'un abord facile.
He is approaching fifty.	163	Il va sur la cinquantaine.
He is easy (or difficult) to approach.	164	Il a l'abord facile (ou difficile).
I am apt to believe that . . .	165	Je crois volontiers que . . .
I talked him into coming.	166	J'ai réussi à le faire venir.

He got the best of the argument.	167	Il l'a emporté dans la discussion.
She took my arm.	168	Elle m'a pris le bras.
Everyone is up in arms about it.	169	Tout le monde proteste.
He is now able to be around.	170	Il est de nouveau sur pied.
I have arranged my affairs.	171	J'ai réglé mes affaires.
I have arranged for someone to escort me.	172	J'ai pris des dispositions pour qu'on m'accompagne.
Everything is arranged.	173	Tout est d'accord.
It was arranged that	174	Il a été convenu que
Will you make all arrangements?	175	Voulez-vous prendre toutes les dispositions utiles?
I am three months in arrears with the rent.	176	Je suis en retard de trois mois pour mon loyer.
As soon as he arrived in London	177	Dès son arrivée à Londres
I arrived in the nick of time.	178	Je suis arrivé juste au bon moment.
Be that as it may.	179	Quoi qu'il en soit.
I am ashamed of you.	180	Vous me faites honte.
I feel ashamed.	181	Je suis couvert de confusion.
You ought to be ashamed of yourself.	182	Vous devriez être honteux.
There's nothing to be ashamed of.	183	Il n'y a pas de quoi avoir honte.
I am going ashore.	184	Je vais débarquer.
Ask me another!	185	Ne me demandez pas pourquoi!
How much are you asking for it?	186	Combien voulez-vous?
He's been asking for it!	187	Il l'a bien cherché!
My foot is asleep.	188	J'ai le pied endormi.
I assume that he will come.	189	Je présume qu'il viendra.

You have no right to assume this to be any concern of yours.	190	Vous n'avez pas le droit de présumer que cela vous regarde.
Let us assume that such is the case.	191	Mettons qu'il en soit ainsi.
I assumed the worst.	192	J'ai mis les choses au pis.
Full speed astern.	193	En arrière à toute vitesse.
Have you made the attempt?	194	Avez-vous essayé?
No attempt will be made to	195	On n'essaiera pas de
I shall attend to it.	196	Je m'en occuperai.
Are you being attended to?	197	Est-ce qu'on vous sert?
You are not paying attention to what I am saying.	198	Vous n'êtes pas à ce que je dis.
Who is in authority here?	199	Qui est-ce qui commande ici?
He is an authority on	200	Il fait autorité en matière de
I tried every available means.	201	J'ai essayé de tous le moyens disponibles.
Above the average	202	Au-dessus de la moyenne
My pet aversion	203	Ma bête noire
I cannot avoid saying that . . .	204	Je ne puis m'empêcher de dire que . . .
I was still awake.	205	Je ne m'étais pas encore endormi.
I was wide awake.	206	J'étais bien éveillé.
I am well aware of what I am doing.	207	Je sais parfaitement ce que je fais.
Not that I'm aware of.	208	Pas que je sache.
He is away.	209	Il est absent.
That's the awful part of it.	210	C'est cela le terrible.
I got an awful fright.	211	J'ai eu une belle peur.
He is an awful bore.	212	Il est assommant.
What awful weather!	213	Quel temps de chien!
I felt very awkward.	214	Je me suis senti très gêné.

There was an awkward silence.	215	Il y avait un silence gêné.
An awkward situation	216	Une situation embarrassante.
He has an axe to grind.	217	Il prêche pour sa paroisse.
I've known him from a baby.	218	Je l'ai vu naître.
Baby talk	219	Babil enfantin
He did it behind my back.	220	Il l'a fait à mon insu.
Excuse my back.	221	Excusez-moi si je vous tourne le dos.
He put his back into it.	222	Il a donné un bon coup de collier.
He talks through his hat.	223	Il dit des bêtises.
The back streets of the city	224	Les quartiers pauvres de la ville
Stand back!	225	Rangez-vous! *ou* En arrière!
When will he be back?	226	Quand sera-t-il de retour?
It was away back in 1920.	227	Cela remonte à 1920.
I backed the wrong horse.	228	J'ai misé sur le mauvais cheval.
He backed out of the bargain.	229	Il est revenu sur sa parole.
He has no backbone.	230	Il n'a pas de moelle dans les os.
He is a backward child.	231	C'est un enfant un peu lent *ou* retardé.
Things are going from bad to worse.	232	Les choses vont de mal en pis.
That looks bad.	233	C'est un mauvais signe.
He's a bad egg.	234	C'est un vaurien.
He isn't as bad as he looks.	235	Il n'est pas si diable qu'il est noir.
I'm on bad terms with her.	236	Je suis fâché avec elle.
It's bad for him to smoke.	237	Ça ne lui vaut rien de fumer.
He took it very badly.	238	Il a très mal pris la chose.
His son went to the bad.	239	Son fils a mal tourné.

We were baking in the heat.	240	Nous mourions de chaleur.
I lost my balance.	241	J'ai perdu l'équilibre.
Barring accidents.	242	Sauf accident.
I made a good bargain.	243	J'ai fait une bonne affaire.
He got the best of the bargain.	244	Il a eu l'avantage.
It's a great bargain.	245	C'est une belle occasion.
Is the bathing good here?	246	Cette plage est-elle bonne pour se baigner?
That's half the battle.	247	C'est bataille à moitié gagnée.
If I were you	248	A votre place
How much is that?	249	C'est combien?
How far is it to Amiens?	250	Combien y a-t-il d'ici à Amiens?
That may be.	251	Cela se peut.
Where have you been all this time?	252	D'où sortez-vous?
As it were	253	Pour ainsi dire
What is to be done?	254	Que faire?
Am I to do it or not?	255	Faut-il que je le fasse ou non?
So you are back, are you?	256	Alors, vous voilà de retour?
For the time being	257	Pour le moment
He was full of beans.	258	Il était gaillard.
I spilled the beans.	259	J'ai vendu la mèche.
He was like a bear with a sore head.	260	Il était d'une humeur massacrante.
I could bear it no longer.	261	Je ne pouvais plus y tenir.
I can't bear the sight of her.	262	Je ne peux pas la souffrir.
He brought his mind to bear on the subject.	263	Il a porté son attention sur le sujet.
You will bear me out that	264	Vous direz avec moi que
I lost my bearings.	265	Je me suis égaré.

He's a perfect beast!	266	C'est une rosse!
Don't beat about the bush.	267	Allez droit au but.
Now then, beat it!	268	Allons, filez!
That beats me.	269	Cela me dépasse.
That beats everything!	270	Ça c'est le comble!
Can you beat it?	271	Y a-t-il plus fort que cela?
That will do beautifully.	272	Cela m'ira parfaitement.
That's the beauty of it.	273	Voilà ce qui en fait le charme.
My beauty-sleep	274	Mon sommeil d'avant minuit
That is very becoming to you.	275	Cela vous va très bien.
Double bed	276	Lit à deux places
Twin beds	277	Lits jumeaux
I'm going home to bed.	278	Je rentre me coucher.
He got out of the wrong side of the bed.	279	Il s'est levé du pied gauche.
It is bedtime.	280	Il est l'heure de se coucher.
I have never seen him before.	281	Je le vois pour la première fois.
Before my very eyes	282	Sous mes propres yeux
It should have been done before now.	283	Ce devrait être déjà fait.
Before everything else I must have	284	Il me faut avant tout
I beg of you!	285	De grâce!
Beggars can't be choosers.	286	Faute de souliers on va nu-pieds
Peter, behave yourself!	287	Pierre, de la tenue!
He is badly behaved.	288	Il se conduit mal.
What is behind all this?	289	Qu'y a-t-il derrière tout cela?
To the best of my belief	290	Autant que je sache
I could scarcely believe my eyes.	291	J'en croyais à peine mes yeux.

Don't believe it!	292	Détrompez-vous!
The dinner-bell has gone.	293	On a sonné pour le dîner.
That is beside the point.	294	Cela n'a rien à voir à l'affaire.
I was beside myself.	295	J'étais hors de moi.
He is in the best of health.	296	Il se porte à merveille.
It is best to	297	Il y a avantage à
The best plan would be to	298	Le mieux serrait de
He was at his best.	299	Il était en forme.
Do as you think best.	300	Faites comme bon vous semblera.
I'll bet you that	301	Parions que
You bet!	302	Je vous en réponds.
I'll bet you it is!	303	Gage que si!
They have seen better days.	304	Ils ont eu des malheurs.
He's a better man than you.	305	Il vaut plus que vous.
That's better.	306	Voilà qui est mieux.
So much the better.	307	Tant mieux.
I think all the better of you for it.	308	Je vous estime d'autant plus pour cela.
It is better to do without it.	309	Il vaut mieux s'en passer.
You had better stay.	310	Il vaut mieux que vous restiez.
We'd better be going back.	311	Il est temps de rentrer.
You (had) better not.	312	Ne vous en avisez pas.
You better mind your own business.	313	Occupez-vous de vos affaires.
I thought better of it.	314	Je me suis ravisé.
Between now and Monday	315	D'ici à lundi
This is strictly between you and me.	316	Que cela reste entre nous.
Beware of pickpockets.	317	Méfiez-vous des pickpockets.
This is beyond me.	318	Cela me dépasse.

I bid three hearts.	319	Je demande trois coeurs.
Little slam bid and made.	320	Petit chelem demandé et réussi.
He had big ideas.	321	Il voyait grand.
He is getting too big for his boots.	322	Il se croit le premier moutardier du pape.
Charge it on my bill.	323	Portez-le sur la note.
That will fill the bill.	324	Cela fera l'affaire.
He's bound to come.	325	Il ne peut pas manquer de venir.
I don't care a bit.	326	Cela m'est bien égal.
It's not a bit of use.	327	Cela ne sert absolument à rien.
Once bitten twice shy.	328	Chat échaudé craint l'eau froide.
You have only yourself to blame.	329	Vous l'avez voulu.
He is to blame.	330	Il y a de sa faute.
My nose is bleeding.	331	Je saigne du nez.
Well, I'm blest!	332	Par exemple!
Give your nose a good blow.	333	Mouche-toi une bonne fois.
It's blowing up a storm.	334	Voila un vent qui annonce la tempête.
It gives me the blues.	335	Cela me donne le cafard.
He came on board (ship).	336	Il s'est embarqué.
I board at Mrs. B's.	337	Je suis en pension chez Mme B.
That's nothing to boast about.	338	Il n'y a pas de quoi en être fier.
They came in a body.	339	Ils sont venus en masse.
What a bore!	340	Quelle barbe!
It bored me to tears.	341	Ça m'a fait mourir d'ennui.
He bores me stiff.	342	Il m'assomme.
Who's the boss here?	343	Qui commande ici?
Just alike	344	L'un comme l'autre

You can't have it both ways.	345	Il faut choisir.
Don't bother me!	346	Laissez-moi tranquille!
I can't be bothered to . . .	347	Ça m'embête de . . .
My bowels are not regular.	348	Je ne vais pas régulièrement à la selle.
I feel boxed up.	349	Je me sens à l'étroit.
The sea air braces you up.	350	L'air de la mer vous remonte.
I have that tune on the brain.	351	J'ai cet air dans la tête.
Put on the brakes.	352	Appliquez les freins.
This bread is stale.	353	Ce pain est trop rassis.
I made a bad break.	354	J'ai fait une gaffe.
You are breaking your promise.	355	Vous manquez à votre parole.
In broken French	356	En mauvais français
I am wasting my breath.	357	C'est comme si je chantais.
I find it very hard to get my breath.	358	J'ai de la misère à respirer *ou* Je suis oppressé.
I can hardly breathe.	359	Je respire péniblement.
Don't breathe a word of it!	360	N'en soufflez pas un mot!
He's a brick!	361	C'est un chic type!
He sees the bright side of things.	362	Il voit tout en rose.
You brought it on yourself.	363	Vous vous l'êtes attiré vous-même.
He brought down the house.	364	Il a fait crouler la salle.
In broad daylight.	365	Au grand jour *ou* en plein jour.
You are as brown as a berry.	366	Vous êtes noir comme un moricaud.
It was a brute of a job.	367	C'était un métier de chien.
That will buck you up.	368	Ça vous remontera.
I'm built that way.	369	Je suis fais comme ça.
We bumped along.	370	Nous avancions avec force cahots.

There's something burning.	371	Ça sent le brûlé.
He ate till he was fit to burst.	372	Il a mangé à éclater.
I was bursting to tell him so.	373	Je mourais d'envie de le lui dire.
It's none of your business.	374	Ça ne vous regarde pas.
What is your line of business?	375	Quel est votre genre d'affaires?
It's a good buy.	376	C'est un bon placement.
That takes the cake!	377	Ça c'est le bouquet!
They're selling like hot cakes.	378	Ça se vend comme des petits pains.
You can't eat your cake and have it too.	379	On ne peut pas avoir le drap et l'argent.
She had a close call.	380	Elle l'a échappé belle.
It was a close call.	381	Il était moins cinq.
Boston calling!	382	Ici Boston!
Call me at seven o'clock.	383	Réveillez-moi à sept heures.
We'll call it three francs.	384	Mettons trois francs.
I call that a low-down trick.	385	Voilà ce que j'appelle un sale tour.
She called for help.	386	Elle a crié au secours.
I'll call for you at nine.	387	Je viendrai vous chercher à neuf heures.
I now call upon Mr. X. (to speak).	388	La parole est à M. X.
The sea was as calm as a mill-pond.	389	Nous avions une mer d'huile.
She took things calmly.	390	Elle prenait les choses en douceur.
Calm yourself!	391	Remettez-vous!
Snapshot camera.	392	Appareil pour instantanés.
I will help you all I can.	393	Je vous aiderai de mon mieux.
How can you tell?	394	Comment le savez-vous?
Our trip is cancelled.	395	Notre voyage est supprimé.

If the cap fits, wear it.	396	Si le chapeau vous va, portez-le.
A pack of cards	397	Un jeu de cartes
A game of cards	398	Une partie de cartes
He's a queer card.	399	C'est un drôle de type.
He's a card.	400	C'est un original.
Take care of yourself.	401	Soignez-vous bien.
That matter will take care of itself.	402	Cela s'arrangera tout seul.
Write me in care of Mme B.	403	Ecrivez-moi aux bons soins de Mme B.
What do I care?	404	Que m'importe?
Who cares?	405	Qu'est-ce que ça fait?
I don't care.	406	Ca m'est égal.
I don't care for this music.	407	Cette musique ne me dit rien.
Be careful.	408	Faites attention.
He carries or holds his liquor well.	409	Il supporte bien l'alcool.
Carry on!	410	Continuez!
Don't carry on like that.	411	Ne vous emballez pas comme ça.
You are putting the cart before the horse.	412	Vous mettez la charrue devant les boeufs.
Will you carve the roast?	413	Voulez-vous découper le rôti?
Should the case occur	414	Le cas échéant
If that's the case	415	S'il en est ainsi
That alters the case.	416	C'est une autre paire de mànches.
It was a case of love at first sight.	417	Ça été le coup de foudre.
Cash on delivery (C.O.D.)	418	Paiement à la livraison
She's no great catch.	419	C'est un parti médiocre.
There's a catch in it.	420	Attention, il y a un piège.

You won't catch me doing that again.	421	On ne m'y reprendra plus.
I was caught in a shower.	422	J'ai été surpris par une averse.
You'll catch it!	423	On va vous sonner les cloches!
I caught his eye.	424	Mes yeux ont rencontré les siens.
You don't catch *me*!	425	Vous ne m'y prendrez pas!
I'm almost certain of it.	426	J'en ai la presque certitude.
I know for certain that	427	Je sais à n'en pas douter que
Certainly not!	428	Non, par exemple!
Birth certificate.	429	Extrait de l'acte de naissance.
Now's your chance!	430	Saisissez la balle au bond!
It's a chance in a thousand.	431	Ces chances-là n'arrivent qu'une fois.
I'm taking no chances.	432	Je ne veux rien risquer.
I'll chance it!	433	Je le ferai, arrive que pourra!
There are never any changes here.	434	On n'innove jamais rien ici.
I have nothing to change into.	435	Je n'ai pas de quoi changer.
All change!	436	Tout le monde descend!
Shall we change seats?	437	Voulez-vous changer de place avec moi?
The wind has changed to the west.	438	Le vent a tourné à l'ouest
I changed down from third to second.	439	J'ai passé de troisième en deuxième.
On a charge of having	440	Sous l'inculpation d'avoir
Please charge your glasses.	441	Remplissez vos verres.
How much do you charge for a car by the day?	442	Combien demandez-vous pour une voiture à la journée?
A chaser (*after drinking*)	443	Un rinse-gueule
I bought it cheap.	444	Je l'ai acheté bon marché.
Cheaper and cheaper	445	De moins en moins cher

Dirt cheap	446	A vil prix
I got it on the cheap.	447	Je l'ai eu pour pas cher.
You have cheated me out of five dollars.	448	Vous m'avez refait de cinq dollars.
Check! (at chess)	449	Échec au roi!
I like your cheek!	450	Vous en avez une santé!
Cheer up!	451	Courage!
You look cheerful.	452	Vous avez l'air content.
A toasted cheese sandwich	453	Un sandwich grillé au fromage
Don't count your chickens before they are hatched.	454	Il ne faut pas vendre la peau, de l'ours avant de l'avoir tué.
Don't be so childish.	455	Ne faites pas l'enfant.
He's growing childish.	456	Il retombe en enfance.
There's no choice.	457	Il faut passer par là.
There's nothing to choose between them.	458	L'un vaut l'autre.
It's a cinch.	459	C'est certain.
The family circle	460	Le sein de la famille
Under the circumstances	461	En l'occurrence
That depends on circumstances.	462	C'est selon.
Keep a civil tongue in your head!	463	Soyez plus poli dans vos propos!
I put in a claim. (insurance)	464	J'ai réclamé la prime.
He claimed to be a gentleman.	465	Il se piquait d'être un gentleman.
He clapped me on the back.	466	Il m'a donné une tape dans le dos.
I don't belong to their class.	467	Je n'appartiens pas à leur milieu.
As clean as a new pin	468	Propre comme un sou neuf
Cleansing cream	469	Crème de démaquillage
I wish to make it clear that	470	Je tiens à préciser que

That's clear (*enough*).	471	Voilà qui est clair.
The train was clear of the station.	472	Le train était sorti de la gare.
It's all clear sailing.	473	Cela n'offre aucune difficulté.
All clear!	474	Fin d'alerte!
The coast is clear.	475	Le champ est libre.
Stand clear of the gates!	476	Attention aux portes!
Clear the way!	477	Faites place!
She is clearing the table.	478	Elle débarrasse la table.
To clear (*sale of goods*)	479	En solde
The weather is clearing.	480	Le temps s'éclaircit.
He is clever with his hands.	481	Il est adroit de ses mains.
Everything is going like clockwork.	482	Tout va comme sur des roulettes.
The room smells close.	483	Ça sent le renfermé ici.
Cut my hair close.	484	Coupez-moi les cheveux ras.
You must watch them more closely.	485	Il faut mieux les surveiller.
Sit closer together.	486	Serrez-vous.
Close by	487	Tout près
The evening drew to a close.	488	La soirée a pris fin.
Before bringing my letter to a close	489	Avant d'achever ma lettre
Road closed to motor traffic.	490	Route interdite à la circulation des automobiles.
I will now close with a story.	491	Pour terminer je vais vous raconter une histoire.
Road closed	492	Route fermée
The closing date for applications is . . .	493	Le registre d'inscriptions sera clos le . . .
Closing prices	494	Derniers cours
Sunday closing	495	Fermeture du dimanche

Closing time!	**496**	On ferme!
Pack up your clothes.	**497**	Ramassez vos effets.
Every cloud has a silver lining.	**498**	Après la pluie le beau temps.
The dust was rising in clouds.	**499**	La poussière montait en tourbillons.
It is cloudy.	**500**	Le temps est couvert.
Ace of clubs (hearts, diamonds, spades)	**501**	As de trèfle (cœur, carreau, pique)
We chipped·in to pay for the taxi.	**502**	Nous avons mis notre argent en commun pour payer le taxi.
You must cut your coat according to your cloth.	**503**	Il faut faire le pas selon la jambe.
He was coaxed into it.	**504**	On l'a enjôlé.
A false (*or* bad) coin	**505**	Une pièce fausse
He is simply coining money.	**506**	Il est en train de faire fortune.
What a coincidence!	**507**	Comme ça tombe!
She gave me the cold shoulder.	**508**	Elle m'a battu froid.
My hands are cold.	**509**	J'ai les mains froides.
That leaves me cold.	**510**	Cela ne me fait ni chaud ni froid.
I feel the cold.	**511**	Je suis très frileux.
She collapsed.	**512**	Elle s'est éffondrée.
I am hard up.	**513**	Je tire le diable par la queue.
He is hard of hearing.	**514**	Il est dur d'oreille.
She is hard to please.	**515**	Elle est difficile.
I'll pick you up with the car at noon.	**516**	Je passerai vous prendre à midi.
He is a college man.	**517**	Il a fait ses études universitaires.
There was a head-on collision.	**518**	Les deux voitures se sont embouties.
I am off colour.	**519**	Je ne suis pas dans mon assiette.

He is colourless.	520	C'est un individu qui passe inaperçu.
I am going to comb my hair.	521	Je vais me donner un coup de peigne.
I'm going to combine business with pleasure.	522	Je vais joindre l'utile à l'agréable.
Let them all come!	523	Qu'ils viennent tous!
Here she comes!	524	La voilà qui arrive!
You have come to the wrong person.	525	Vous vous êtes trompé de personne.
Come now!	526	Voyons!
He had it coming to him.	527	Ça lui pendait au nez.
Now that I come to think of it.	528	Maintenant que j'y songe.
How much does it come to?	529	Combien cela fait-il?
He will never come to much.	530	Il ne fera jamais grand'chose.
What a come-down!	531	Quelle débâcle!
And where do I come in?	532	Et moi qu'est-ce que j'y gagne?
Come on, let's have a game!	533	Allons! Faisons une partie!
He came out in a rash.	534	Il avait une poussée de boutons.
At last the truth is coming out.	535	Enfin la vérité se fait jour.
What has come over you?	536	Qu'est-ce qui vous prend?
He came through without a scratch.	537	Il s'en est tiré indemne.
He is a coming man.	538	C'est un homme d'avenir.
It is so comfortable here.	539	On est si bien ici.
No comments, please.	540	Point d'observations, s'il vous plaît.
Without committing myself	541	Sans m'engager
That is common talk.	542	Ça court les rues.
They are as common as dirt.	543	Les rues en sont pavées.
Nothing out of the common	544	Rien d'extraordinaire

He created a commotion.	545	Il a fait un éclat.
He keeps his own company.	546	Il voisine peu.
They parted company.	547	Il se sont séparés.
Two's company, three's a crowd.	548	Deux s'amusent, trois s'embêtent.
We are expecting company.	549	Nous attendons de la visite.
A man is known by the company he keeps.	550	Dis-moi qui tu hantes, je te dirai qui tu es.
She is very good company.	551	Elle est fort amusante.
He is poor company.	552	Il ne dit pas grand'chose.
That's what I'm complaining about.	553	Voilà de quoi je me plains.
That puts a new complexion on the matter.	554	Voilà qui change la thèse.
He is terribly conceited.	555	Il est d'une suffisance insupportable.
It's no concern of mine.	556	Cela ne me regarde pas.
It's no concern of yours.	557	Ne vous en mêlez pas.
I'm sick of the whole concern (*or* business).	558	J'en ai marre de toute la boutique.
As far as I'm concerned	559	Quant à moi
That's all right as far as he's concerned.	560	Quant à lui, il est d'accord.
I concur (*or* agree) with you.	561	Nous sommes d'accord.
Conducted tours	562	Excursions guidées
I am confident that he will come.	563	Je suis persuadé qu'il viendra.
Confound him!	564	Que le diable l'emporte!
I congratulate you.	565	Je vous en félicite.
I want to connect with the train from Paris.	566	Je veux assurer la correspondance avec le train de Paris.
That has no connection with this.	567	Cela n'a rien à voir avec ceci.

In connection with	**568**	A propos de
By mutual consent	**569**	De gré à gré
At a conservative estimate	**570**	Au bas mot
I'll consider it.	**571**	J'y songerai.
Consider it done.	**572**	Tenez cela pour fait.
To a considerable extent	**573**	Dans une forte mesure
After due consideration	**574**	Toute réflexion faite
On no consideration	**575**	Pour rien au monde
He was conspicuous by his absence.	**576**	Il brillait par son absence.
Content! (*Pass at cards*)	**577**	Je m'y tiens!
My contention is that she will come.	**578**	Je soutiens qu'elle viendra.
He should provide for contingencies.	**579**	Il devrait tenir compte de l'imprévu.
To be continued.	**580**	A suivre.
On the contrary	**581**	Au contraire
Unless you hear to the contrary	**582**	Sauf contre-avis
These things are beyond our control.	**583**	Ces choses-là ne se commandent pas.
He was keeping his feelings under control.	**584**	Il contenait ses sentiments.
The plane was out of control.	**585**	L'avion était désemparé.
Controlled currency	**586**	Monnaie dirigée
Do it at your convenience.	**587**	Faites-le à loisir.
At your earliest convenience	**588**	Le plus tôt possible
If it is convenient to you	**589**	Si cela ne vous dérange pas
I prefer plain cooking.	**590**	J'aime mieux la cuisine ordinaire.
I hope you will keep cool.	**591**	J'espère que vous garderez votre sang-froid.
As cool as a cucumber	**592**	Tranquille comme Baptiste

Keep cool.	593	Ne vous énervez pas.
He's a corker!	594	C'est un type épatant!
It's a corker!	595	Ça vous en bouche un trou!
There's corn in Egypt.	596	Les provisions ne manquent pas.
I stand corrected	597	Je reconnais mes torts.
Everything is correct.	598	Tout est en règle.
If my memory is correct	599	Si j'ai bonne mémoire
At all costs	600	Coûte que coûte
How much does it cost?	601	Combien cela coûte-t-il?
Absorbent cotton	602	Coton hydrophile
In the country	603	A la campagne
I've had a couple (of drinks).	604	J'ai bu un verre ou deux.
In due course	605	En temps voulu
Let things take their course.	606	Laissez faire.
Of course.	607	Bien entendu.
That is a matter of course.	608	Cela va de soi.
There is only one course open.	609	Il n'y a qu'un parti à prendre.
Four-course dinner	610	Dîner à quatre services
He covered me with a pistol.	611	Il a braqué un pistolet sur moi.
In order to cover all circumstances	612	Pour parer à toute éventualité
T.V. is all the craze.	613	Le T.V. fait fureur.
He is crazy about music.	614	Il ne rêve que musique.
I'm crazy to see her.	615	Je brûle de la voir.
Well-creased trousers	616	Pantalon au pli impeccable
He created a disturbance.	617	Il a troublé l'ordre public.
He takes the credit for it.	618	Il s'en attribue le mérite.
I gave him credit for more sense.	619	Je lui supposais plus de jugement.

It does him credit.	620	Cela lui fait honneur.
There is a credit balance.	621	Il y a un solde au crédit.
He is crippled in the left arm.	622	Il est infirme du bras gauche.
Don't be cross with me.	623	Il ne faut pas m'en vouloir.
He looks very cross.	624	Il a l'air fâché.
We are at cross-purposes.	625	Il y a un malentendu.
We are now at the cross-roads.	626	Nous sommes à un tournant critique.
They stick to their own little crowd.	627	Ils font bande à part.
We are crowded here.	628	On est à l'étroit ici.
She made a crude statement of the facts.	629	Elle a fait une exposition brutale des faits.
He has a crush on her.	630	Il a un béguin pour elle.
She was crushed with grief.	631	Elle était accablée de douleur.
There's many a slip 'twixt the cup and the lip.	632	Il y a loin de la coupe aux lèvres.
He was in his cups.	633	Il était entre deux vins.
I was dying of curiosity.	634	J'étais fort intrigué.
My hair is out of curl.	635	Je suis toute défrisée.
I got through the customs without difficulty.	636	J'ai passé la douane sans difficulté.
I shall take my custom *or* business elsewhere.	637	Je me fournirai ailleurs.
Custom-made	638	Fait sur commande
Let's cut for partners. (*cards*)	639	Tirons pour les places.
I took the short cut.	640	J'ai pris par le plus court.
I'm going to have my hair cut.	641	Je vais me faire couper les cheveux.
Cut your kidding!	642	Assez de bêtises!
She cut me dead.	643	Elle a passé raide près de moi.
I must cut down expenses.	644	Il me faut réduire les frais.

The doctor has cut off my whisky.	645	Le médecin m'a supprimé le whisky.
Cut out everything that is not necessary.	646	Retranchez le superflu.
I'm going to cut out smoking.	647	Je vais abandonner le tabac.
Cut out the threats!	648	Pas de menaces!
Cut it out!	649	Suffit!
He was cut up by the news.	650	Il a été démonté par la nouvelle.
Cut and dried opinions	651	Opinions toutes faites
They were at daggers drawn.	652	Elles étaient à couteaux tirés.
He is pushing up daisies.	653	Il mange les pissenlits par la racine.
I was forced to pay the damages.	654	J'ai été obligé de payer les dégâts.
That is damning the work with faint praise.	655	C'est assommer l'oeuvre avec des fleurs.
Well I'm damned!	656	Ça c'est fort!
One damned thing after another.	657	Un malheur n'attends pas l'autre.
You are on dangerous ground.	658	Vous êtes sur un terrain brûlant.
Don't you dare touch me!	659	N'ayez pas l'audace de me toucher!
I dare say that . . .	660	J'ose affirmer que . . .
I dare say.	661	C'est fort probable.
It is getting dark.	662	Il commence à faire sombre.
She is looking on the dark side of things.	663	Elle voit tout en noir.
Keep it dark!	664	Gardez le secret!
Never darken my door again!	665	Ne remettez plus les pieds chez moi!
He is always up to date.	666	Il est toujours dans le vent.
That is out of date.	667	Cela a fait son temps.

He has a date with her.	668	Il a rendez-vous avec elle.
At last it dawned upon me that	669	Enfin il m'est venu à l'esprit que
It's all in the day's work.	670	Ça fait partie de ma routine.
A week from today	671	D'aujourd'hui en huit
Every other day	672	Tous les deux jours
I want to go by day.	673	Je veux y aller de jour.
What is the day of the month?	674	C'est quelle date aujourd'hui?
Let's make a day of it!	675	Nous allons faire fête aujourd'hui!
She was in a daze.	676	Elle était stupéfaite.
She was in dead earnest.	677	Elle ne plaisantait pas.
He's as deaf as a post.	678	Il est sourd comme un pot.
The noise was deafening me.	679	Le bruit me perçait les oreilles.
That's saying a good deal.	680	Ce n'est pas peu dire.
Whose deal is it? (cards)	681	A qui de donner?
He is easy to deal with.	682	C'est un homme d'un commerce agréable.
I'll deal with it.	683	J'en fais mon affaire.
Let me deal with him.	684	Laissez-moi en user à ma guise avec lui.
He'll be the death of me.	685	Il me fera mourir.
I shall always be in your debt.	686	Je serai toujours votre obligé.
At last I'm out of debt.	687	Enfin je n'ai plus de dettes.
I have decided what to do.	688	Mon parti est pris.
A deck of cards	689	Un paquet de cartes
You may deduct that.	690	Vous compterez cela en moins.
He went in off the deep end.	691	Il a pris la mouche.
Still waters run deep.	692	Il n'y a pire eau que l'eau qui dort.
The brakes were defective.	693	Les freins étaient en mauvais état.

You are not definite enough.	694	Vous ne précisez pas assez.
He is definitely better.	695	Il va décidément mieux.
In some degree	696	Dans une certaine mesure
Not in the slightest degree	697	Pas le moins du monde
Without further delay	698	Sans plus tarder
I shall be delighted.	699	Je ne demande pas mieux.
General delivery	700	Poste restante
I don't deny it.	701	Je ne m'en défends pas.
That depends entirely on you.	702	Cela ne tient qu'à vous.
You may depend upon it.	703	Comptez là-dessus.
He is not dependable.	704	On ne peut pas se fier à lui.
She is becoming depressed.	705	Elle commence à avoir le cafard.
He richly deserves it.	706	Il ne l'a pas volé.
It leaves much to be desired.	707	Cela laisse beaucoup à désirer.
Pay at the desk.	708	Payez à la caisse.
Without going into details	709	Sans rien préciser
He was between the devil and the deep sea.	710	Il était entre Charybde et Scylla.
Speak of the devil and he's sure to appear.	711	Quand on parle du loup on en voit la queue.
Never say die!	712	Tenez bon!
She was on a diet.	713	Elle était au régime.
I beg to differ.	714	Permettez-moi d'être d'un autre avis.
I don't quite see the difference.	715	Je ne saisis pas la nuance.
That makes a difference.	716	Cela change la note.
It makes no difference to me.	717	Cela ne me fait rien.
I feel like a different man.	718	Je me sens tout autre.
That's quite a different matter.	719	Ça, c'est une autre affaire.
That's a dig at you.	720	C'est une pierre dans votre jardin.

Dim your lights. (*car*)	**721**	Baissez les phares.
Will you direct me to	**722**	Voulez-vous m'indiquer le chemin pour me rendre à
In which direction?	**723**	De quel côté?
In the opposite direction.	**724**	En sens inverse.
He treated me like dirt.	**725**	Il me traitait comme le dernier des derniers.
He had to eat dirt.	**726**	Il a été forcé de faire des excuses.
He played me a dirty trick.	**727**	Il m'a joué un vilain tour.
I disagree.	**728**	Je ne suis pas de cet avis.
Don't disappoint me.	**729**	Ne manquez pas à votre parole.
I shall use my own discretion.	**730**	Je ferai comme bon me semblera.
He thought discretion the better part of valour.	**731**	Il a abandonné le champ à de plus dignes.
Discuss the matter with him.	**732**	Discutez du problème avec lui.
It's disgusting!	**733**	C'est du propre!
I have a strong dislike for him.	**734**	Je ne peux pas le souffrir.
You'll get yourself disliked.	**735**	Vous vous ferez détester.
I am disgusted with you.	**736**	Vous me donnez mal au coeur.
Let's dismiss the subject.	**737**	N'en parlons plus.
With the greatest dispatch.	**738**	Au plus vite.
That displeased him.	**739**	Cela lui déplaisait.
I am at your disposal.	**740**	Vous pouvez disposer de moi.
If you feel so disposed.	**741**	Si le coeur vous en dit.
He has a kindly disposition.	**742**	C'est une bonne nature.
It is within ten minutes' walking distance.	**743**	Vous en avez pour dix minutes de marche.

Within speaking distance	744	A portée de voix
It is no distance away.	745	Ce n'est qu'une promenade.
He was distant with me.	746	Il se montrait réservé avec moi.
It is distasteful to me to	747	Cela me déplaît de
Don't disturb yourself.	748	Ne vous dérangez pas.
He was all of a dither.	749	Il était tout agité.
We divided the profits.	750	Nous avons réparti les bénéfices.
Opinions are divided.	751	Les avis sont partagés.
He did his duty.	752	Il s'est acquitté de son devoir.
That isn't done.	753	Cela ne se fait pas.
That is how it is usually done here.	754	Voilà comment cela se pratique ici.
What is to be done?	755	Que faire?
It can't be done!	756	Pas moyen!
You must do it or get out.	757	Il faut passer par là ou par la porte.
What can I do for you?	758	Qu'y a-t-il pour votre service?
When in Rome do as the Romans do.	759	A Rome, faites comme les Romains.
Well done!	760	A la bonne heure!
There's nothing doing.	761	Les affaires ne vont pas.
Nothing doing!	762	Ça ne prends pas!
Done!	763	C'est entendu!
How do you do?	764	Comment vous portez-vous?
We are doing pretty well.	765	Ça ne marche pas si mal.
That will do.	766	Ça va.
That will not do.	767	Cela n'ira pas.
Will that do?	768	Cela va-t-il?
That will do me.	769	Cela fera mon affaire.
Please do.	770	Faites donc.

So do I.	771	Moi aussi.
I'm done for.	772	Je suis cuit.
It's nothing to do with you.	773	Vous n'avez rien à voir là-dedans.
Let's have done with it!	774	Finissons-en!
That's all over and done with.	775	C'est fini, tout ça!
I must do without it.	776	Il faut que je m'en passe.
Don't do it again!	777	Ne recommencez plus!
He went to the dogs.	778	Il a gâché sa vie.
With a double meaning.	779	A deux sens.
He was bent double.	780	Il était courbé en deux.
Double room	781	Chambre à deux
There is no room for doubt.	782	Le doute n'est pas permis.
There is no doubt about it.	783	Il n'y a pas à dire.
My tires are down *or* flat.	784	Mes pneus sont dégonflés *ou* à plat.
Down to where?	785	Jusqu'où?
She is down in the mouth.	786	Elle est abattue.
I'm going downtown.	787	Je me rends en ville.
We had to drag him here.	788	Il a fallu le traîner ici.
You are throwing your money down the drain.	789	Vous jetez votre argent par la fenêtre.
I feel a draught.	790	Je suis dans un courant d'air.
I feel drawn to her.	791	Elle m'est sympathique.
He drew a blank.	792	Il a fait chou blanc.
The trip was drawing to its end.	793	Le voyage touchait à sa fin.
It's too late to draw back.	794	Le vin est tiré, il faut le boire.
I drew out money from the bank.	795	J'ai retiré de l'argent de la banque.
Sweet dreams!	796	Faites de beaux rêves!

I shouldn't dream of doing it.	797	Jamais je ne m'aviserais de faire cela.
Little did I dream that	798	Je ne me doutais guère que
Evening dress	799	Tenue de soirée
You must dress for dinner. (*man*)	800	Il faut vous mettre en habit pour dîner.
You must dress for dinner. (*woman*)	801	Il faut vous mettre en toilette pour dîner.
She was dressed to the nines.	802	Elle était tirée à quatre épingles.
You're all dressed up	803	Vous êtes sur votre trente et un.
Have a drink?	804	Prenez-vous un verre?
Is the water fit to drink?	805	L'eau est-elle potable?
He drinks like a fish.	806	Il boit comme un trou.
It's an hour's drive from here.	807	C'est à une heure d'ici en voiture.
We are going for a drive.	808	Nous allons faire un tour en voiture.
Can you drive?	809	Savez-vous conduire?
He was driving like mad.	810	Il filait à fond de train.
He was driven to it.	811	On lui a forcé la main.
Will you walk or drive?	812	Voulez-vous faire le trajet à pied ou en voiture?
You must drive on the right side of the road.	813	Il faut circuler à droite.
I was driving along at fifty.	814	Je filais à cinquante.
What are you driving at?	815	A quoi voulez-vous en venir?
I see what you're driving at *or* getting at.	816	Je vous vois venir.
Driving rain	817	Pluie battante
I'm going to take driving lessons.	818	Je vais apprendre à conduire.
He is a good driver.	819	Il conduit bien.

His jaw dropped.	820	Son visage s'allongea.
I am ready to drop.	821	Je tombe de fatigue.
There the matter dropped.	822	L'affaire en est restée là.
He dropped on me like a ton of bricks.	823	Il m'a lavé la tête.
Drop it! (*to a dog*)	824	Lâche-le!
Drop it! (*in conversation*)	825	En voilà assez!
I've just dropped in for a moment.	826	Je ne fais qu'entrer et sortir.
I feel drowsy.	827	J'ai envie de dormir.
After due consideration	828	Après mûre réflexion
What is it due to?	829	A quoi cela tient-il?
One must give the devil his due.	830	Il faut lui rendre justice.
He's as dull as ditch-water.	831	Il est triste comme un bonnet de nuit.
He was dumbfounded.	832	Il en est tombé de son haut.
He is on duty.	833	Il est de service.
Early in the morning	834	De grand matin
You're up early.	835	Vous êtes matinal.
As early as possible.	836	Aussitôt que possible.
He is on easy street.	837	Il est dans l'aisance.
That's easy to see.	838	Ça se voit.
It's as easy as ABC.	839	C'est simple comme bonjour.
She's an easy person to get on with.	840	C'est une personne d'un commerce facile.
He takes things easy.	841	Il se laisse vivre.
Take it easy!	842	Ne vous en faites pas!
You'll have to go easy for a while.	843	Il va falloir freiner un peu.
Easy does it!	844	Hâtez-vous lentement!
What's eating you?	845	Quelle mouche vous pique?

I couldn't get a word in edgeways.	846	C'était impossible de glisser un mot.
A soft-boiled egg	847	Un œuf à la coque
A fried egg	848	Un œuf frit
Scrambled eggs	849	Œufs brouillés
He's a bad egg.	850	C'est un propre à rien.
Nor I either!	851	Ni moi non plus!
Or else! (slang)	852	Sans cela!
Anything else will do.	853	N'importe quoi d'autre fera l'affaire.
No one else	854	Personne d'autre
Nothing else will do.	855	Rien d'autre ne fera l'affaire.
You must provide for emergencies.	856	Il faut parer à l'imprévu.
In case of emergency	857	Au besoin
That appeals to the emotions.	858	Ça fait appel aux sentiments.
Enclosed please find	859	Veuillez trouver ci-inclus
We'll never hear the end of it.	860	Cela va être des commérages sans fin.
He came to a bad end.	861	Il a mal fini.
He gained his ends.	862	Il en est arrivé à ses fins.
In order to end the matter	863	Pour en finir
He is his own worst enemy.	864	Il se nuit.
They are deadly enemies.	865	Ils sont à couteaux tirés.
Are you engaged? (taxi)	866	Êtes-vous libre?
I am engaged for this evening.	867	Ma soirée est prise.
Owing to a previous engagement.	868	A cause d'une promesse antérieure.
I have an engagement.	869	Je suis pris.
I hope you enjoy your dinner.	870	Bon appétit!
How did you enjoy your holidays?	871	Avez-vous passé de bonnes vacances?

She enjoys life.	872	Elle sait jouir de la vie.
Enjoy yourself.	873	Amusez-vous bien.
I see you enjoy it.	874	Je vois que cela vous fait plaisir.
I've had enough of it.	875	J'en ai assez.
I've had enough of him.	876	Je le porte sur le dos.
That's enough for me.	877	Cela me suffit.
Have you enough to pay the bill?	878	Avez-vous de quoi payer?
Enough of this nonsense!	879	Assez de ces bêtises!
It was enough to drive you crazy.	880	C'était à vous rendre fou.
Enough is as good as a feast.	881	Assez vaut festin.
They entertain a great deal.	882	Ils reçoivent beaucoup de monde.
All things being equal.	883	Toutes choses égales
She was equal to the occasion.	884	Elle était à la hauteur de la situation.
I don't feel equal to it.	885	Je ne m'en sens pas le courage.
There's nothing to equal it.	886	Il n'y a rien de tel.
She had a narrow escape.	887	Elle l'a échappé belle.
I escaped by the skin of my teeth.	888	J'ai échappé tout juste.
It was an established fact.	889	C'était un fait acquis.
At a rough estimate	890	Approximativement
At the lowest estimate	891	Au bas mot
That would be even worse.	892	Ce serait encore pis.
That will even things up.	893	Cela égalisera les choses.
Nothing ever happens.	894	Il n'arrive jamais rien.
Did you ever!	895	Par exemple!
Thank you ever so much.	896	Merci mille fois.
She is everything to me.	897	Je ne vis que pour elle.

He exceeded the speed limit.	898	Il a depassé la vitesse légale.
It exceeds my expectations.	899	Cela dépasse mes espérances.
I take exception to that.	900	Je trouve à redire à cela.
Excess weight	901	Excédent de poids
Excess fare	902	Supplément
Foreign exchange broker	903	Cambiste
Don't get excited!	904	Ne vous montez pas la tête!
What's all the excitement about?	905	Qu'est-ce qui se passe donc?
Excuse my being late.	906	Excusez-moi d'être en retard.
Excuse me for hurrying away.	907	Pardonnez-moi si je me sauve.
I am exhausted.	908	Je n'en peux plus.
As you might expect	909	Comme on doit s'y attendre
I expect the worst.	910	Je m'attends au pire.
Don't expect me till you see me.	911	Ne m'attendez pas à date fixe.
Am I expected to dress for dinner?	912	Faut-il que je m'habille pour diner?
Don't go to any expense.	913	Ne faites pas de frais.
There was a laugh at my expense.	914	Il y a eu un éclat de rire à mes dépens.
That is very expensive.	915	C'est hors de prix.
I had a terrifying experience.	916	J'ai eu une aventure effrayante.
She had a nasty experience.	917	Elle a passé un mauvais moment.
Have you had any previous experience?	918	Avez-vous déjà travaillé dans ce métier?
There's no substitute for experience.	919	Rien ne vaut l'expérience.
He still lacks experience.	920	Il manque encore de métier.
That explains matters.	921	Voilà qui explique tout.

That is easily explained.	922	Cela s'explique facilement.
To a certain extent	923	Jusqu'à un certain point
To what extent	924	Dans quelle mesure
Make an extra effort, please.	925	Faites un surcroît d'effort, S.V.P.
The wine is extra.	926	Le vin est en plus.
He has a black eye.	927	Il a l'œil poché.
He keeps his eyes skinned.	928	Il n'a pas les yeux dans sa poche.
He looked me straight in the eye.	929	Il m'a regardé dans le blanc des yeux.
That's a lot of hogwash!	930	Tout ça c'est de la blague!
He fell on his face.	931	Il est tombé à plat.
I'll tell him so to his face.	932	Je le lui dirai au nez.
I'm going to face the music.	933	Je vais tenir tête à l'orage.
A seat facing forward.	934	Une place face à la route.
Stick to the facts, please!	935	Tenez-vous en aux faits, S.V.P.!
Owing to the fact that	936	Du fait que
The fact remains that	937	Il n'en reste pas moins vrai que
Apart from the fact that	938	Hormis que
As a matter of fact	939	A vrai dire
You just fade away!	940	Fichez le camp!
When all else fails	941	En désespoir de cause
It is only fair to say that	942	Il faut dire que
If it's a fair question, why?	943	Sans indiscrétion, pourquoi?
All's fair in love and war.	944	En amour la ruse est de bonne guerre.
In all fairness	945	En bonne conscience
He has fallen on evil days.	946	Il a des malheur.
You can always fall back on me.	947	En dernière ressource vous pouvez compter sur moi.

He fell for the trick.	948	Il s'y est laissé prendre.
His voice sounded familiar to me.	949	Il m'a semblé reconnaître sa voix.
She is one of the family.	950	Elle est de la maison.
It runs in the family.	951	Cela tient de famille.
She is in the family way.	952	Elle est enceinte.
We're getting on famously.	953	Ça va comme sur des roulettes.
That suits my fancy.	954	Cela me va.
It's only a passing fancy.	955	Ce n'est qu'une amourette.
Fancy that!	956	Songez donc!
He fancies himself a bit.	957	Il se croit quelqu'un.
As far as the eye can see	958	A perte de vue
That is going too far.	959	Cela passe la mesure.
He carried the joke too far.	960	Il a poussé trop loin la plaisanterie.
As far as I know.	961	Autant que je sache.
So far so good.	962	Jusqu'ici ça va bien.
Far from it.	963	Tant s'en faut.
Single *or* return fare	964	Billet simple *ou* aller et retour
After a fashion	965	Tant bien que mal
They are fast friends.	966	Ils sont des amis solides.
Are these colours fast?	967	Ces couleurs résistent-elles?
My watch is fast.	968	Ma montre est en avance.
A fat lot of good that will do you!	969	Cela vous fera une belle jambe!
In spite of all his faults	970	Malgré tous ses travers
Whose fault is it?	971	A qui la faute?
Will you do me a favour?	972	Voulez-vous me faire plaisir?
I'm in favour of it.	973	Moi, je suis pour.
On favourable terms	974	A bon compte
For fear of making a mistake	975	De crainte d'erreur

Don't you fear!	976	Pas de danger!
I'm fed up.	977	J'en ai assez.
He felt in his pockets.	978	Il a fouillé dans ses poches.
She feels the heat *or* cold.	979	Elle est sensible à la chaleur *ou* au froid.
If you feel like it.	980	Si le cœur vous en dit.
I have no feeling in my arm.	981	J'ai le bras mort.
No hard feelings!	982	Sans rancune!
The porters will fight for your luggage.	983	Les porteurs se disputeront vos bagages.
I'm fighting off a cold.	984	Je suis en train de combattre un rhume.
She has a fine figure.	985	Elle est bien prise.
He is smart at figures.	986	Il calcule bien et vite.
He is going to fill his pipe.	987	Il va bourrer sa pipe.
He is filled with his own importance.	988	Il est pénétré de son importance.
You must fill in the date.	989	Il faut insérer la date.
Will you fill the tank, please.	990	Voulez-vous faire le plein, S.V.P.
I'm going to take a film.	991	Je vais tourner un film.
Is that final?	992	C'est votre dernier mot?
Leave everything as you find it.	993	Laissez tout tel quel.
I've found what I want.	994	J'ai trouvé ce qu'il me faut.
Finders keepers.	995	Qui trouve garde.
We had a fine time.	996	Nous nous sommes bien amusés.
That's fine!	997	Voilà qui est parfait!
I have finished packing.	998	J'ai fini de faire les malles.
He had a finger in the pie.	999	Il était mêlé à l'affaire.
Wait till I've finished with him!	1000	Attendez que je lui aie réglé son compte!

He is a finished speaker.	**1001**	C'est un orateur accompli.
My dress caught fire.	**1002**	Le feu a pris à ma robe.
We got on like a house on fire.	**1003**	Nous avancions à pas de géant.
At first sight	**1004**	De prime abord
You should put first things first.	**1005**	Vous devriez mettre l'essentiel d'abord.
Who plays first? (*cards*)	**1006**	A qui d'entamer?
First come first served.	**1007**	Les premiers vont devant.
He will have a fit when he knows.	**1008**	Ça le fera sauter, quand il le saura.
He gave me fits.	**1009**	Il m'a fait sauter.
I have nothing fit to wear.	**1010**	Je n'ai rien à me mettre.
I'm not fit to be seen.	**1011**	Je ne suis pas présentable.
That's all he's fit for.	**1012**	Il n'est bon qu'à cela.
It was a tight fit.	**1013**	On tenait tout juste.
Your coat fits you too tight.	**1014**	Votre veston est trop juste.
Your dress fits well.	**1015**	Votre robe vous va bien.
Your plans don't fit in with mine.	**1016**	Vos projets ne s'accordent pas avec les miens.
He didn't fit in.	**1017**	Il détonnait dans notre société.
He's in a fix.	**1018**	Il est dans le pétrin.
Now, I'm in a nice fix!	**1019**	Me voilà mal pris!
I've fixed him!	**1020**	Il a son compte!
She is well fixed.	**1021**	Elle est à son aise.
He flares up at the least thing.	**1022**	Il se fâche pour un rien.
It all happened in a flash.	**1023**	Tout s'est passé en moins de rien.
Flashlight picture	**1024**	Photo au magnésium
I fell flat on my face!	**1025**	Je me suis allongé!
As flat as a pancake	**1026**	Plat comme une galette
That's flat!	**1027**	Voilà qui est net!

I was feeling a bit flat.	**1028**	Je n'étais pas dans mon assiette.
You are buttering me up!	**1029**	Vous me passez de la pommade!
He had his fling.	**1030**	Il a jété sa gourme.
It's like getting blood out of a stone.	**1031**	C'est comme si on voulait tirer de l'huile d'un mur.
You have flooded the carburetor.	**1032**	Vous avez noyé le carburateur.
He took the floor.	**1033**	Il a pris la parole.
It was a flop.	**1034**	Ç'a été un four.
His face flushed.	**1035**	Le sang lui est monté au visage.
There's a fly in the ointment.	**1036**	Il y a une ombre au tableau.
There are no flies on him.	**1037**	Il n'est pas bête.
I am flying part of the way.	**1038**	Je fais une partie du trajet en avion.
Time flies.	**1039**	La chandelle brûle.
She flew off the handle.	**1040**	Elle est sortie de ses gonds.
Your camera is in _or_ out of focus.	**1041**	Votre appareil est _ou_ n'est pas au point.
Focus the opera glasses to suit you.	**1042**	Mettez la jumelle à votre vue.
I'm in a fog.	**1043**	Je n'y comprends rien.
It is foggy.	**1044**	Il fait du brouillard.
I haven't the foggiest idea.	**1045**	Je n'en ai pas la moindre idée.
Fold up your umbrella.	**1046**	Repliez votre parapluie.
Just follow your nose.	**1047**	Allez tout droit devant vous.
I have followed your instructions.	**1048**	Je me suis conformé à vos ordres.
I am fond of music.	**1049**	Je suis amateur de musique.
That gives me food for thought.	**1050**	Ça me donne à penser.
Try not to be a fool.	**1051**	Tâchez de ne pas faire de sottises.

Silly fool!	1052	Espèce d'idiot!
He's no fool.	1053	Il n'est pas bête.
Any fool could do it.	1054	N'importe quel fou pourrait faire ça.
She made a fool of him.	1055	Elle s'est moquée de lui.
It's fool-proof.	1056	C'est à toute épreuve.
Stop fooling!	1057	Assez de bêtises!
He looked foolish.	1058	Il avait l'air penaud.
He put his best foot forward.	1059	Il est parti du bon pied.
That brought her to her feet.	1060	Cela lui a fait prendre la parole.
He put his foot down on that.	1061	Il a opposé un refus formel à cela.
Have I put my foot in it?	1062	Est-ce que j'ai fait une sottise?
Will you foot the bill?	1063	Voulez-vous payer la note?
I missed my footing.	1064	Le pied m'a manqué.
He has made a name for himself.	1065	Il s'est fait un nom.
That's just the thing for you.	1066	C'est juste ce qu'il vous faut.
Now for it!	1067	Allons-y!
The rates in force	1068	Les tarifs en vigueur
First and foremost	1069	Tout d'abord
That has forced prices down.	1070	Ça a fait baisser les prix.
That is coming to the fore.	1071	Ça commence à être connu.
Foregone conclusion	1072	Décidé d'avance
In the foreground	1073	Au premier plan
Forewarned is forearmed.	1074	Un homme averti en vaut deux.
The signature was a forgery.	1075	La signature était contrefaite.
Forget about it!	1076	N'y pensez plus!
And don't you forget it!	1077	Faites-y bien attention!
Don't forget to	1078	Ne manquez pas de
He asked me to forgive him.	1079	Il m'a demandé pardon.

As a matter of form	1080	Pour la forme
It is bad *or* good form	1081	C'est de mauvais *ou* bon ton
Order form	1082	Bulletin de commande
He made a formal speech.	1083	Il a fait un discours.
Formal dinner	1084	Dîner prié
He is always very formal.	1085	Il est toujours à cheval sur les convenances.
From this time forth	1086	Dès maintenant
And so forth	1087	Et ainsi de suite
How fortunate!	1088	Quel bonheur!
She had made a small fortune.	1089	Elle avait fait fortune.
It has cost me a fortune.	1090	Cela m'a coûté un argent fou.
She is in her forties.	1091	Elle a passé la quarantaine.
I am looking forward to that trip.	1092	J'attends ce voyage avec plaisir.
Will you forward my letters to this address?	1093	Voulez-vous me faire parvenir mes lettres à cette adresse?
Please forward.	1094	Prière de faire suivre.
That's a dirty lie!	1095	C'est un sale mensonge!
She is getting very frail.	1096	Elle commence à se casser.
He is in a bad frame of mind.	1097	Il est mal disposé.
I tell you frankly that	1098	Je vous dis carrément que
He's a fraud.	1099	C'est un fumiste.
Free port	1100	Port franc
Is this table free?	1101	Cette table est-elle libre?
Free of duty (duty free)	1102	Exempt de droits d'entrée
You are allowed to bring in one bottle free.	1103	Il y a une tolérance d'une bouteille.
Free and easy	1104	Sans façon
Are you free this morning?	1105	Êtes-vous disponible ce matin?
Freedom of speech	1106	Le franc-parler

The radiator is frozen.	**1107**	Le radiateur s'est congelé.
I'm freezing.	**1108**	Je gèle.
He took French leave.	**1109**	Il a filé à l'anglaise.
The bread was fresh.	**1110**	Le pain sortait du four.
You are fresh!	**1111**	Vous êtes bien impertinent!
Out in the fresh air.	**1112**	Au grand air.
She's as fresh as a daisy.	**1113**	Elle est fraîche comme une rose.
Don't fret!	**1114**	Ne vous faites pas de bile!
I have made a friend.	**1115**	Je me suis fait un ami.
We have friends staying with us.	**1116**	Nous avons des amis en visite.
A friend in need is a friend indeed.	**1117**	C'est dans le besoin, qu'on connaît ses véritables amis.
I had an awful fright.	**1118**	J'ai eu une peur bleue.
She's a perfect fright.	**1119**	C'est un remède contre l'amour.
I feel frisky.	**1120**	Je me sens plein d'entrain.
I have a frog in my throat.	**1121**	J'ai un chat dans la gorge.
He stood right in front of me.	**1122**	Il se trouvait juste en face de moi.
We had front seats. (*theatre*)	**1123**	Nous étions aux premières loges.
I was in the front part of the train *or* plane.	**1124**	Je me trouvais en tête du train *ou* de l'avion.
Isn't she a frump!	**1125**	Regardez-moi ce paquet!
The car is full up.	**1126**	La voiture est au complet.
Full particulars	**1127**	Tous les détails
You must pay full fare.	**1128**	Il vous faut payer place entière.
I am full. (*of food*)	**1129**	Je suis repu.
I was fumbling about in the dark.	**1130**	Je cherchais mon chemin dans l'obscurité.
You are making fun of me.	**1131**	Vous vous moquez de moi.

He is full of fun.	1132	C'est un boute-en-train.
We had great fun.	1133	On s'est fort amusé.
What fun!	1134	Que c'est amusant!
Like fun!	1135	Jamais de la vie!
That's your funeral!	1136	C'est votre affaire.
None of your nonsense!	1137	Pas de vos farces!
It was too funny for words.	1138	C'était vraiment trop drôle.
The funny thing about it is	1139	Le comique de la chose c'est que
That's not funny.	1140	Ce n'est pas drôle.
He was funny that way.	1141	Il était comme ça.
Well, that's funny. (*odd*)	1142	Tiens! Voilà qui est bizarre.
Funnily enough	1143	Chose curieuse
Until you hear further	1144	Jusqu'à nouvel avis
Without further ado	1145	Sans plus de cérémonie
Upon further consideration	1146	Après plus ample réflexion
He was beside himself with fury.	1147	Il était hors de lui.
Without any fuss	1148	Sans bruit
He kicked up a fuss.	1149	Il a fait un tas d'histoires.
There's nothing to make a fuss about.	1150	Il n'y a pas là de quoi fouetter un chat.
You are fussy.	1151	Vous faites des difficultés.
He has the gift of the gab *or* a glib tongue	1152	Il a la langue bien pendue.
He is gaining weight.	1153	Il prend du poids.
My watch gains five minutes a day.	1154	Ma montre avance de cinq minutes par jour.
It's all in the game.	1155	C'est dans la règle du jeu.
That's not playing the game.	1156	Ce n'est pas loyal.
Two can play at that game.	1157	A bon chat bon rat.

The game's up.	**1158**	L'affaire est dans l'eau.
I gather from the papers that he	**1159**	A en croire les journaux il aurait
I changed gears.	**1160**	J'ai changé de vitesse.
High *or* low gear	**1161**	Grande *ou* petite vitesse
It is in pretty general use.	**1162**	L'usage en est assez commun.
He's no genius.	**1163**	Ce n'est pas un aigle.
Gently does it!	**1164**	Allez-y doucement.
He behaves like a gentleman.	**1165**	Il se conduit en galant homme.
Gentleman's agreement	**1166**	Convention verbale
Where can I get some fruit?	**1167**	Où trouverai-je des fruits?
I will see what I can get for it.	**1168**	Je verrai ce qu'on m'en donnera.
She gets her own way.	**1169**	On lui cède toujours.
If I get the time.	**1170**	Si je trouve un moment.
That's what you get for talking too much.	**1171**	Voilà ce que c'est que de trop parler.
We'll get them yet!	**1172**	On les aura!
Got me?	**1173**	Vous comprenez?
I don't get you.	**1174**	Je ne saisis pas bien.
Get him to read it.	**1175**	Faites-le-lui lire.
What's that got to do with it?	**1176**	Qu'est-ce que cela y fait?
You've got it.	**1177**	Vous avez deviné.
I am getting used to it.	**1178**	Je commence à m'y habituer.
He got angry.	**1179**	Il s'est mis en colère.
How can I get to town?	**1180**	Comment va-t-on en ville, S.V.P.?
Get along with you!	**1181**	Allez-vous-en!
What are you getting at?	**1182**	Où voulez-vous en venir?
Get away from here!	**1183**	Ôtez-vous d'ici! *ou* filez!
He got away with it.	**1184**	Il s'en est tiré.

He won't get away with it.	1185	Il ne le portera pas en paradis.
I want to get my money back.	1186	Je voudrais rentrer dans mes fonds.
Get down! (*to dog*)	1187	A bas les pattes!
She got into the train.	1188	Elle est montée en train.
He will get on. (*in the world*)	1189	Il fera son chemin.
You are getting on nicely with	1190	Vous faites des progrès en
They get on well together.	1191	Ils font bon ménage.
I can't get anything out of him.	1192	Je ne peux rien tirer de lui.
Get me out of this fix!	1193	Sortez-moi de cette impasse!
The secret got out.	1194	Le secret s'est ébruité.
He will never get over it.	1195	Il n'en guérira pas.
He can't get over it.	1196	Il n'en revient pas.
It's best to get it over with.	1197	Il vaut mieux en finir.
It makes me feel giddy.	1198	Cela me donne le vertige.
That takes the gilt off the gingerbread.	1199	Voilà qui en enlève le charme.
His best girl	1200	Sa meilleure amie
It's a case of give and take.	1201	C'est donnant donnant.
Give him my love.	1202	Faites-lui mes amitiés.
What did you give for it?	1203	Combien l'avez-vous payé?
He gave me a queer look.	1204	Il m'a lancé un regard singulier.
I felt my legs give way.	1205	J'ai senti mes jambes fléchir.
Don't give way like that!	1206	Ne vous laissez pas aller comme ça!
That's giving it away.	1207	C'est donné.
I will give you my seat.	1208	Je vous céderai ma place.
Don't give up!	1209	Tenez bon!
I had given you up.	1210	Je ne vous attendais plus.

Glad rags	1211	Beaux atours *ou* habits du dimanche
At the first glance	1212	A première vue
He glared at me.	1213	Il m'a lancé un regard furieux.
I only caught a glimpse of him.	1214	Je n'ai fait que l'entrevoir.
He always sees the gloomy side of things.	1215	Il voit tout en noir.
Don't gloss over anything.	1216	Ne gazez rien.
He's a glutton for work.	1217	C'est un cheval à l'ouvrage.
She's always on the go.	1218	Elle est toujours à trotter.
Let's have a go!	1219	Essayons le coup!
No go!	1220	Ça ne prend pas!
What shall I put on? (*dress*)	1221	Que vais-je mettre?
We can talk as we go.	1222	Nous pourrons causer chemin faisant.
There she goes.	1223	La voilà qui passe.
You go first.	1224	Partez en tête.
You go next.	1225	A vous ensuite.
How goes it?	1226	Ça va?
Things are not going well.	1227	Ça ne marche pas.
What I say goes.	1228	C'est moi qui mène les choses.
That goes without saying.	1229	Cela va sans dire.
From the word go	1230	Dès les commencement
It's all gone.	1231	Il n'y en a plus.
Now you've gone and done it!	1232	Vous avez fait là un beau coup!
I'm going to have my own way.	1233	Je vais faire à ma tête.
There you go again!	1234	Vous voilà reparti!
Let me go!	1235	Lâchez-moi!
Well, let it go at that.	1236	Passons.

He was going at it for all he was worth.	**1237**	Il y allait de toutes ses forces.
He went back on his word.	**1238**	Il a manqué à sa parole.
That is nothing to go by.	**1239**	On ne peut rien fonder là-dessus.
I go by what I've heard.	**1240**	Je me fonde sur ce que j'ai entendu dire.
A crumb went down the wrong way.	**1241**	J'ai avalé une miette de travers.
It went down easily.	**1242**	Cela a passé comme une lettre à la poste.
He went down on his knees.	**1243**	Il s'est jeté à genoux.
He's gone down in the world.	**1244**	Il a connu des jours meilleurs.
He went into the army.	**1245**	Il est entré dans l'armée.
I shall go into the matter.	**1246**	Je vais m'occuper de l'affaire.
I have enough to go on with.	**1247**	J'ai de quoi marcher *ou* continuer.
What is going on here?	**1248**	Qu'est-ce qui se passe ici?
You must not go on like that.	**1249**	Il ne faut pas vous laisser aller comme ça.
These shoes won't go on.	**1250**	Ces souliers sont trop petits.
Every time I go out	**1251**	A toutes mes sorties
They went out on strike.	**1252**	Ils se sont mis en grève.
I seldom go out.	**1253**	Je sors peu.
My head is going round.	**1254**	La tête me tourne.
There's not enough to go round.	**1255**	Il n'y en a pas pour tout le monde.
If you knew all I had gone through!	**1256**	Si vous saviez tout ce que j'ai enduré!
This cold goes right through me.	**1257**	Ce froid me transit.
The deal did not go through.	**1258**	Le marché n'a pas été conclu.
I won't be gone long.	**1259**	Je ne serai pas longtemps absent.

She is five months gone.	1260	Elle est enceinte de cinq mois.
He gets my goat.	1261	Il me porte sur les nerfs.
Ye gods and little fishes!	1262	Grands dieux!
That is good enough for me.	1263	Cela fera mon affaire.
That's not good enough.	1264	Cela ne suffit pas.
I'm as good a man as you.	1265	Je vous vaux bien.
I have good sight.	1266	J'ai une bonne vue.
How much are you good for?	1267	De combien disposez-vous?
It's too good to be true.	1268	C'est trop beau pour y croire.
Good for you!	1269	A la bonne heure!
I don't feel too pleased about it.	1270	Cela ne m'enchante pas.
Good old Henry!	1271	Ce brave Henry!
That's very good of you.	1272	C'est bien aimable à vous.
He is a good sort.	1273	C'est un brave garçon.
I have a good many.	1274	J'en ai pas mal.
It's as good as new.	1275	C'est pour ainsi dire neuf.
What good will it do you?	1276	A quoi cela vous avancera-t-il?
It's not a bit of good to	1277	Ça n'avance à rien de
It's no good.	1278	Cela ne sert à rien.
He's no good.	1279	Il est nul.
They were gossiping about her.	1280	Ils faisaient des cancans sur elle.
It goes against the grain for me to do it.	1281	C'est à contre-cœur que je le fais.
You take too much for granted.	1282	Vous allez trop vite.
We take it all for granted.	1283	Tout cela nous semble normal.
It's great!	1284	Formidable!
He's not so green.	1285	Il n'est pas né d'hier.
Upon what grounds?	1286	A quel titre?
That suits me down to the ground.	1287	Cela me va à merveille.

He is always sure of his ground.	1288	Il connaît toujours son terrain.
He has stopped growing.	1289	Il a fini de pousser *ou* grandir.
He holds a grudge against me.	1290	Il me garde rancune.
She will come, I guarantee.	1291	Elle viendra, je vous réponds.
He was caught off guard.	1292	Il a été pris au dépourvu.
He's one of the old guard *or* school.	1293	C'est un vieux de la vieille.
She is guarded in her speech.	1294	Elle surveille ses paroles.
That's a good guess.	1295	Vous avez bien deviné.
That's pure guess-work.	1296	C'est pure conjecture.
That got him guessing.	1297	Ça l'a intrigué.
You've guessed it.	1298	Vous êtes bien tombé.
Railway guide	1299	Indicateur des chemins de fer
I'll be guided by your advice.	1300	Je suivrai vos conseils.
She's rather gushing.	1301	Elle se jette à votre tête.
He has no guts.	1302	Il manque de cran.
He makes a habit of doing it.	1303	Il a la coutume de le faire.
I don't make a habit of it.	1304	Ce n'est pas une habitude chez moi.
She's an old hag.	1305	C'est une vieille fée.
I didn't haggle about the price.	1306	Je n'ai pas marchandé.
He's half-seas-over.	1307	Il est entre deux vins.
We are half-way there.	1308	Nous sommes à moitié chemin.
He went on his hands and knees.	1309	Il a avancé à quatre pattes.
Hands off!	1310	N'y touchez pas!
Hands up!	1311	Haut les mains!
He never does a hand's turn.	1312	Il ne fait jamais œuvre de ses dix doigts.

He has a hand in it.	1313	Il y est pour quelque chose.
He gave her a helping hand.	1314	Il lui a donné un coup de main.
Lend a hand, please.	1315	Prêtez-moi (*ou* nous) main-forte, S.V.P.
I have an hour on my hands.	1316	J'ai une heure à tuer.
He came, hat in hand.	1317	Il est venu, chapeau bas.
He won hands down.	1318	Il a gagné haut la main.
I have a good hand. (*at cards*)	1319	J'ai beau jeu.
Let's have a hand of bridge.	1320	Faisons une partie de bridge.
All hands on deck!	1321	Tout le monde sur le pont!
He is hard to handle.	1322	Il n'est pas commode.
That would come in very handy.	1323	Cela ferait bien l'affaire.
Damn him!	1324	Que le diable l'emporte!
He always hangs around her.	1325	Il tourne toujours autour d'elle.
Where do you hang out?	1326	Où nichez-vous?
Don't let it happen again.	1327	Que cela n'arrive plus.
Just as if nothing had happened	1328	Sans faire semblant de rien
Whatever happens	1329	Quoi qu'il arrive
I happen to know that . . .	1330	Je me trouve savoir que . . .
Happy thoughts!	1331	Bien trouvé!
He is as hard as nails. (*healthy*)	1332	Il est en bonne forme.
She is hard to please.	1333	Elle est difficile.
He is hard of hearing.	1334	Il est dur d'oreille.
The engine is hard to start.	1335	Le moteur est dur à lancer.
I find it hard to believe that . . .	1336	J'ai peine à croire que . . .
I am hard on my clothes.	1337	J'use rapidement mes vêtements.
Times are hard.	1338	Les temps sont rudes.
He tried his hardest.	1339	Il a fait tout son possible.

I'm hard up.	1340	Je tire le diable par la queue.
That will do more harm than good.	1341	Cela fera plus de mal que de bien.
There's no harm in saying so.	1342	Il n'y a pas de mal à le dire.
There's no harm in trying.	1343	On peut toujours essayer.
More haste less speed.	1344	Plus on se hâte, moins on avance.
He made a hash of it.	1345	Il a bousillé l'affaire.
I'll settle his hash.	1346	Son compte est bon.
Hats off!	1347	Chapeaux bas!
Keep it under your hat.	1348	N'en dites pas un mot.
Ah! I have it!	1349	Ah! j'y suis!
I let him have it.	1350	Je lui ai dit son fait.
I've had some, thank you.	1351	Merci, je sors d'en prendre.
I didn't have any trouble.	1352	Cela ne m'a donné aucune peine.
You have me there.	1353	Voilà où vous me prenez en défaut.
You've been had.	1354	On vous a eu.
Head first	1355	La tête la premiere
He talked my head off.	1356	Il m'a rompu les oreilles.
I can't get that into his head.	1357	Je ne peux pas lui enfoncer ça dans la tête.
It never entered my head that	1358	Il ne m'est pas venu à l'idée que
What put that into your head?	1359	Où avez-vous pris cette idée-là?
Two heads are better than one.	1360	Deux conseils valent mieux qu'un.
He is out of his head.	1361	Il est timbré.
Heads I win, tails you lose.	1362	Je gagne de toutes les façons.
I can't make head or tail of it.	1363	Je n'y comprends rien.
He's the picture of health.	1364	Son visage respire la santé.

I could hardly make myself heard.	1365	Je pouvais à peine me faire entendre.
I have heard that . . .	1366	J'ai entendu dire que . . .
Hear! Hear!	1367	Très bien!
He has not been heard of since.	1368	Depuis on n'en a plus entendu parler.
I never heard of such a thing!	1369	A-t-on jamais entendu une chose pareille!
He had a heart attack.	1370	Il a eu une crise cardiaque.
It was enough to break your heart.	1371	C'était à fendre l'âme.
Have a heart!	1372	Ayez un peu de cœur!
Don't take it so much to heart.	1373	Ne vous affligez pas ainsi.
He is a man after my own heart.	1374	C'est mon homme.
He lost heart.	1375	Il a perdu courage.
He's a hearty eater.	1376	Il a un gros appétit.
He has a heavy hand.	1377	Il est gauche ou maladroit.
I have a heavy beard.	1378	J'ai une forte barbe.
The season is at its height.	1379	La saison bat son plein.
All hell broke loose.	1380	Les diables étaient déchaînés.
He made a hell of a noise.	1381	Il a fait un bruit d'enfer.
That's a hell of a price.	1382	C'est salé comme prix.
To hell with that!	1383	A bas cela!
To hell with him!	1384	Qu'il aille au diable!
There's no help for it.	1385	Il n'y a pas de remède.
Help!	1386	Au secours!
That doesn't help much.	1387	Cela ne guérit rien.
Help yourself.	1388	Servez-vous.
It can't be helped.	1389	Tant pis!
I can't help it.	1390	C'est plus fort que moi.
Here goes!	1391	Allons-y!

Here you are.	1392	Vous voici.
He did not hesitate for a moment.	1393	Il n'a fait ni un ni deux.
I didn't know where to hide.	1394	Je ne savais où me cacher.
It's high time he returned.	1395	Il est grand temps qu'il revienne.
I hunted high and low for it.	1396	Je l'ai cherché partout.
He knows how to take a hint.	1397	Il entend à demi-mot.
If you had given me the slightest hint about it	1398	Si vous m'en aviez donné le moindre soupçon
He took the hint.	1399	Il a compris à demi-mot.
It was a great hit.	1400	C'était un succès fou.
She was hard hit.	1401	Elle a été fortement touchée.
Here goes, hit or miss!	1402	Allons-y, à tout hasard!
You've hit it!	1403	Vous y êtes!
They don't hit it off.	1404	Ça ne colle pas tous les deux.
There's a hitch somewhere.	1405	Il y a quelque chose qui cloche.
Without a hitch.	1406	Sans à-coup.
He's had a hard row to hoe.	1407	Il a eu la vie dure.
He went the whole hog.	1408	Il est allé jusqu'au bout.
Where did you get hold of that?	1409	Où vous êtes-vous procuré cela?
They were holding hands.	1410	Ils se tenaient la main.
He can hold his own.	1411	Il sait se défendre.
Hold the line. (*telephone*)	1412	Ne quittez pas.
Hold on a minute!	1413	Tenez bon!
Hold on a bit!	1414	Pas si vite!
I have a home now.	1415	J'ai un chez-moi maintenant.
I feel at home with her.	1416	Je me sens à l'aise avec elle.
Make yourself at home.	1417	Faites comme chez-vous.
On my way home	1418	En rentrant chez moi

He made an honest attempt.	1419	Il s'y est appliqué de bonne foi.
Honestly speaking	1420	A vrai dire
Honour to whom honour is due.	1421	A tout seigneur tout honneur.
On my word of honour.	1422	Je vous donne ma parole.
You're on your own hook.	1423	Vous êtes établi à votre propre compte.
By hook or by crook.	1424	D'une façon ou d'une autre.
He hops on one leg.	1425	Il saute à cloche-pied.
I hop *or* jump out of bed early.	1426	Je saute à bas de mon lit de bon matin.
Hop it!	1427	Fichez-moi le camp!
She is full of hope.	1428	Elle a bon espoir.
What a hope!	1429	Si vous comptez là-dessus!
I had hoped to tell you myself.	1430	Je comptais vous l'apprendre moi-même.
Hoping to hear from you	1431	Dans l'attente de vos nouvelles
The situation looks more hopeful.	1432	La situation s'annonce meilleure.
It's a hopeless job.	1433	C'est désespérant.
You're hopeless!	1434	Vous êtes décourageant!
I'm on the horns of a dilemma.	1435	Je suis enfermeé dans un dilemme.
What a horrid man!	1436	Quelle horreur d'homme!
I was horrified at the idea.	1437	Cette idée me faisait horreur.
That's a horse of a different colour.	1438	C'est une autre paire de manches.
During the hot weather	1439	Pendant la chaleur
She is in hot water.	1440	Elle a des ennuis.
That's a lot of hot air.	1441	C'est du vent.
She gets all hot and bothered.	1442	Elle s'échauffe vite.
That's hot stuff!	1443	C'est épatant!
You are getting hot! (*games*)	1444	Vous brûlez!

She has a hot *or* quick temper.	1445	Elle s'emporte facilement.
They went at it hot and heavy.	1446	Ils y allaient avec acharnement.
We're going to have a hot time.	1447	Ça va chauffer.
At an hour's notice	1448	Avec préavis d'une heure
In the small hours	1449	Au beau milieu de la nuit
From house to house	1450	De porte en porte
I don't know how it happened.	1451	Je ne sais comment cela s'est fait.
How is it that	1452	Comment se fait-il que
How so?	1453	Comment ça?
How can you!	1454	Vous n'avez pas honte!
How she has changed!	1455	Ce qu'elle a changé!
How I wish I could!	1456	Si seulement je pouvais!
However that may be	1457	Quoi qu'il en soit
However little	1458	Si peu que ce soit
If, however, you don't agree	1459	Si toutefois cela ne vous convient pas
She made things hum.	1460	Elle faisait marcher rondement les choses.
That's all humbug.	1461	Tout cela c'est de la blague.
Are you in a good *or* bad humour?	1462	Êtes-vous de bonne *ou* mauvaise humeur?
Just a hunch.	1463	J'en ai le pressentiment.
A hundred per cent American	1464	Américain corps et âme
She went out in a hurry.	1465	Elle est sortie à la hâte.
What's your hurry?	1466	Qu'est-ce qui vous presse?
Is there any hurry?	1467	Est-ce que cela presse?
There's no great hurry.	1468	Rien ne presse.
I must hurry through my lunch.	1469	Je dois expédier mon déjeuner.
Don't hurry.	1470	Ne vous pressez pas.
She hurried home.	1471	Elle s'est dépêchée de rentrer.

I must hurry away.	**1472**	Il faut que je me sauve.
I hurt myself.	**1473**	Je me suis fait mal.
Take care you don't get hurt.	**1474**	Prenez garde de vous blesser.
That hurts.	**1475**	Ça fait mal.
Nothing hurts like the truth.	**1476**	Il n'y a que la vérité qui offense.
My feet are like ice.	**1477**	J'ai les pieds glacés.
This room is like ice.	**1478**	On gèle dans cette salle.
You're skating on thin ice.	**1479**	Vous touchez à un sujet delicat.
What a funny idea!	**1480**	Quelle drôle d'idée!
I had no idea that	**1481**	J'étais loin de me douter que
I don't quite get the idea.	**1482**	Je ne saisis pas.
Where did you get that idea?	**1483**	Où avez-vous pris cela?
What an idea!	**1484**	En voilà une idée!
What's the big idea?	**1485**	A quoi voulez-vous en venir?
Identification papers *or* card	**1486**	Carte d'identité
He's a perfect idiot.	**1487**	Il est bête à manger du foin.
You idiot!	**1488**	Espèce d'imbécile!
In my idle moments *or* spare time	**1489**	A mes heures perdues
He stood idly by.	**1490**	Il restait là à ne rien faire.
Ignorance is bliss.	**1491**	Qui rien ne sait rien ne doute.
That ignores the facts.	**1492**	Cela ne tient pas compte des faits.
It's an ill wind that blows nobody good.	**1493**	A quelque chose malheur est bon.
He is dangerously ill.	**1494**	Il est au plus mal.
You look ill.	**1495**	Vous avez mauvaise mine.
It ill becomes you to	**1496**	Il vous sied mal de
She was ill at ease.	**1497**	Elle était mal à l'aise.
No ill-feeling!	**1498**	Sans rancune.
By way of illustration	**1499**	A titre d'exemple.

It's your imagination.	1500	Vous l'avez rêvé.
As may be imagined	1501	Comme on peut l'imaginer
Imagine meeting you here!	1502	Qui aurait jamais pensé vous rencontrer ici!
You can imagine how angry I was.	1503	Songez, si j'étais furieux.
Can you imagine it?	1504	A-t-on idée d'une chose pareille?
Beware of imitations.	1505	Méfiez-vous des contrefaçons.
The immediate future	1506	L'avenir prochain
Immediately after	1507	Aussitôt après
He has an impediment in his speech.	1508	Il articule difficilement.
It is imperative to	1509	La nécéssité s'impose de
Do you mean to imply that	1510	Est-ce à dire que
It is important to	1511	Il importe de
You are impossible!	1512	Vous êtes ridicule!
You must impress upon him that	1513	Il faut bien lui faire sentir que
I must impress upon you that	1514	Mettez-vous bien dans la tête que
How did she impress you?	1515	Quelle impression vous a-t-elle faite?
That is how it impressed me.	1516	Voilà l'effet que cela m'a produit.
I was greatly impressed by it.	1517	Cela m'a fait une grande impression.
I am not impressed.	1518	Cela ne me fait aucun effet.
What impression did it make on her?	1519	Quel effet cela lui a-t-il produit?
There's nothing improper in the play.	1520	La pièce n'a rien d'inconvenant.
He has greatly improved.	1521	Il a fait de grands progrès.
Things are improving very much.	1522	Il y a une grande amélioration dans les affaires.

None of your impudence!	1523	Ne soyez pas insolent!
My first impulse was to	1524	Mon premier mouvement a été de
On the first impulse	1525	Tout d'abord
If you feel inclined	1526	Si le cœur vous en dit
Not including the children	1527	Sans compter les enfants
We were six including my friend.	1528	Nous étions six y compris mon ami.
She has her own income.	1529	Elle a ses rentes.
It was most inconsiderate of you.	1530	Vous avez manqué d'égards.
I am putting you to great inconvenience.	1531	Je vous dérange beaucoup.
If it is not inconvenient to you	1532	Si cela ne vous gêne pas
It is incorrect to	1533	Il est de mauvais ton de
I had an increase in salary.	1534	J'ai été augmenté.
You must increase the exposure.	1535	Il faut forcer la durée de pose.
It's incredible!	1536	C'est renversant!
Yes *or* no indeed!	1537	Ca oui *ou* non! *ou* Mais oui *ou* non!
He is independent.	1538	Il est son maître.
He is a man of independent means.	1539	C'est un rentier.
It's a matter of complete indifference to me.	1540	Cela ne me fait ni chaud ni froid.
She had an attack of indigestion.	1541	Elle a eu une indigestion.
No one is indispensable.	1542	Pour un moine l'abbaye ne chôme pas.
Nothing will induce him to change his mind.	1543	Rien ne le fera changer d'idée.
His lungs are infected.	1544	Ses poumons sont atteints.
Is it an infectious disease?	1545	Est-ce que cette maladie s'attrape?

It is inferred that	1546	On suppose que
Under the influence of drink	1547	Sous l'empire de la boisson
So I am informed.	1548	A ce que j'apprends.
For your information	1549	A titre d'information
For further information	1550	Pour plus amples renseignements
For my own information	1551	Pour mon instruction
That injured her pride.	1552	Cela a blessé son amour-propre.
If you had given me the slightest inkling about it	1553	Si vous m'en aviez donné la moindre idée
Our inmost thoughts	1554	Nos sentiments les plus intimes
I'm going to make inquiries.	1555	Je vais aux informations.
I made inquiries everywhere.	1556	Je me suis informé partout.
She turned everything inside out.	1557	Elle a tout mis sens dessus dessous.
He is rather insincere.	1558	Il est peu sincère.
Do you mean to insinuate that	1559	Voulez-vous donner à entendre que
I won't insist.	1560	Glissons là-dessus.
I insist upon it.	1561	Je le veux absolument.
On close inspection	1562	A y regarder de près
Final instalment	1563	Paiement pour solde
I bought it on the instalment plan.	1564	Je l'ai acheté à tempérament.
In many instances	1565	Dans bien des cas
He was not an instant too soon.	1566	Il est arrivé juste à temps.
I acted according to instructions.	1567	Je me conformais à la consigne.
Was that intended?	1568	Etait-ce fait à dessein?
I intended this for you.	1569	Je vous destinais ceci.

To all intents and purposes	1570	Virtuellement
He acted in her best interests.	1571	Il agissait au mieux de ses intérêts.
I don't like to be interfered with.	1572	Je n'aime pas qu'on se mêle de mes affaires.
Don't interfere!	1573	Mêlez-vous de vos affaires!
He's always interfering.	1574	Il fourre son nez partout.
There are bright intervals.	1575	Il y a de belles éclaircies.
I am afraid of intruding.	1576	Je crains de vous déranger.
In any case	1577	De toute façon
Wheel chair	1578	Chaise de malade *ou* chaise roulante
That is invaluable.	1579	Cela ne se paie pas.
Capital invested	1580	Mise de fonds
On further investigation	1581	En poursuivant mes recherches
Not very inviting	1582	Peu ragoûtant
I don't want to become involved.	1583	Je ne veux pas me créer des ennuis.
I'll give you an I.O.U.	1584	Je vais vous faire un petit billet.
It irks me to	1585	Cela m'impatiente de
He has an iron constitution.	1586	Il a une santé de fer.
She has too many irons in the fire.	1587	Elle s'occupe de trop de choses à la fois.
He's confusing the issues.	1588	Il masque le but à atteindre.
Now for it!	1589	Et maintenant, allons-y!
How is it that	1590	D'où vient que
She is itching to speak.	1591	La langue lui démange (*de parler*).
He's itching for trouble.	1592	La peau lui démange.
Jack of all trades	1593	Homme à tout faire
I'll break your jaw!	1594	Je vais te casser la gueule!

There's many a true word spoken in jest.	1595	On dit souvent la vérité en plaisantant.
I have a little job for you.	1596	J'ai de quoi vous occuper un peu.
He's always on the job.	1597	Il est toujours au travail.
That's a good job!	1598	A la bonne heure!
That's a bad job!	1599	C'est une mauvaise affaire!
He knows his job.	1600	Il connaît son affaire.
Won't you join us?	1601	Voulez-vous être des nôtres?
I did it for a joke.	1602	Je l'ai fait, histoire de rire.
The joke is that	1603	Le comique de l'histoire, c'est que
The joke is on me.	1604	C'est à vous de rire.
That's a good joke.	1605	En voilà une bonne.
He can take a joke.	1606	Il entend la plaisanterie.
He must have his little joke.	1607	Il aime à plaisanter.
I was only joking.	1608	Je l'ai dit pour badiner.
No joking!	1609	Blague à part!
It gave me a bit of a jolt.	1610	Cela m'a fait quelque chose.
As far as I can judge.	1611	A ce qu'il me paraît.
In my judgment	1612	A mon avis
Jump to it!	1613	Allez-y!
I nearly jumped out of my skin.	1614	Cela m'a fait sauter.
I feel jumpy.	1615	J'ai les nerfs agacés.
It is only just.	1616	Ce n'est que justice.
It is just twelve o'clock.	1617	Il est midi juste.
He is just the man you want.	1618	C'est votre homme.
That's just it.	1619	C'est bien cela.
It's just the same.	1620	Ca n'a pas changé.
That's just as good.	1621	C'est tout comme.

Just as you please!	**1622**	A votre aise!
You are just in time to	**1623**	Vous arrivez juste à temps pour
Just look!	**1624**	Regardez-moi ça!
I'm not very keen on it.	**1625**	Ça ne me dit pas grand'chose.
He isn't worth his keep.	**1626**	Il ne vaut pas son sel.
For keeps	**1627**	Pour de bon
Don't let me keep you.	**1628**	Je ne vous retiens pas.
What's keeping you?	**1629**	Qu'est-ce qui vous retient?
Keep your remarks to yourself.	**1630**	Je vous dispense de ces observations.
She keeps her figure.	**1631**	Elle garde sa ligne.
She keeps her looks.	**1632**	Elle reste belle.
She kept me waiting.	**1633**	Elle m'a fait attendre.
Keep away!	**1634**	N'approchez pas!
Keep back!	**1635**	N'avancez pas!
Keep your hands off!	**1636**	N'y touchez pas!
Keep off!	**1637**	Au large!
Keep your hat on.	**1638**	Restez couvert.
Keep it up!	**1639**	Allez toujours!
That's worth keeping.	**1640**	Ça vaut qu'on le garde.
Here's a pretty kettle of fish.	**1641**	En voilà une jolie affaire.
He has no kick left in him.	**1642**	Il est à plat.
A drink with a kick in it	**1643**	Une boisson qui vous remonte
I get quite a kick out of it.	**1644**	Ça me remonte.
You've no kick coming.	**1645**	Ce n'est pas à vous de vous plaindre.
He kicked at that.	**1646**	Il s'est rebiffé.
I felt like kicking myself.	**1647**	Je me serais donné des claques.

You must handle him with kid gloves.	1648	Il faut le ménager.
You're kidding me.	1649	Tout ça c'est des blagues.
No kidding!	1650	Sans blague!
He's kidding himself that	1651	Il se flatte que
That's killing two birds with one stone.	1652	Ça fait d'une pierre deux coups.
He's a kill-joy.	1653	C'est un trouble-fête.
The next of kin	1654	Les proches parents
What do you take me for?	1655	Pour qui me prenez-vous?
Nothing of the kind.	1656	Rien de la sorte.
Give him my kind regards.	1657	Faites-lui mes amitiés.
That's very kind of you.	1658	C'est bien aimable de votre part.
Kindly sit down.	1659	Donnez-vous la peine de vous asseoir.
Will you do me a great kindness?	1660	Voulez-vous me rendre un grand service?
He wouldn't call the king his uncle.	1661	Le roi n'est pas son pareil.
He has the knack of doing things.	1662	Il a le tour de main pour faire des choses.
I have lost the knack of doing it.	1663	Je n'ai plus l'habitude de le faire.
He has the knack of saying the right thing.	1664	Il a le don de l'à-propos.
We knock off at six o'clock.	1665	Nous finissons à six heures.
I got knocked about a good deal.	1666	J'ai été pas mal bousculé.
The poor girl was knocked up.	1667	La pauvre fille a été mise en famille.
He's in the know.	1668	Il est dans le secret des dieux.
I knew him by his walk.	1669	Je l'ai reconnu à son allure.

When I first knew her	1670	Quand j'ai fait sa connaissance
She knows him like a book.	1671	Elle le connaît comme le fond de sa poche.
I don't know how to do it.	1672	Je ne sais comment m'y prendre.
I know that well enough.	1673	Je ne le sais que trop.
Now I know!	1674	Me voilà fixé!
How do I know?	1675	Est-ce que je sais?
He knows his own mind.	1676	Il sait ce qu'il veut.
He knows what he is talking about.	1677	Il est sûr de son fait.
Don't I know it!	1678	A qui le dites-vous!
Not if I know it!	1679	Je m'en garderai bien!
You ought to know better.	1680	Vous devriez être plus raisonnable.
You know best.	1681	Vous en êtes le meilleur juge.
I don't know about that.	1682	Reste à savoir.
Not that I know of.	1683	Pas que je sache.
That is what is known as	1684	C'est ce qu'on appelle
To the best of my knowledge	1685	A ma connaissance
I won't knuckle down to him.	1686	Il ne va pas me faire la loi.
He labours under a delusion.	1687	Il est victime d'une illusion.
He is lame in one leg.	1688	Il boite.
Good Lord!	1689	Mon Dieu!
He always lands on his feet.	1690	Il retombe toujours sur ses pattes.
Landing certificate	1691	Certificat de débarquement
What a joke!	1692	Quelle farce!
Last but not least	1693	Et mieux encore
As a last resort	1694	En fin de compte
The time before last	1695	L'avant-dernière fois

We shall never hear the last of it.	1696	On ne nous le laissera pas oublier.
It's too good to last.	1697	C'est trop beau pour durer.
If the good weather lasts	1698	Si le beau temps tient
This dress will last me two years.	1699	Cette robe me fera deux ans.
He won't last long.	1700	Il n'ira pas loin.
It is getting late.	1701	Il se fait tard.
It is never too late to mend.	1702	Il n'est jamais trop tard pour se corriger.
My late father	1703	Feu mon père
Better late than never.	1704	Mieux vaut tard que jamais.
She sits up late.	1705	Elle veille tard.
A moment later	1706	L'instant après
See you later.	1707	A plus tard *ou* A tout à l'heure.
He who laughs last laughs best.	1708	Rira bien qui rira le dernier.
There's nothing to laugh at.	1709	Il n'y a pas de quoi rire.
I'm afraid of being laughed at.	1710	J'ai peur de prêter à rire.
He laughed the matter off.	1711	Il a pris la chose en riant.
Her word is law.	1712	Sa parole fait loi.
He thinks he's above the law.	1713	Il se croit tout permis.
He took the law into his own hands.	1714	Il s'est fait justice.
Will you lay the table?	1715	Voulez-vous mettre le couvert?
Will you lay the fire?	1716	Voulez-vous préparer le feu?
She is laying up for a rainy day.	1717	Elle garde une poire pour la soif.
I was laid up.	1718	J'ai gardé le lit.
She took the lead.	1719	Elle a pris la tête.
Your lead. (*cards*)	1720	A vous de jouer.

She returned my lead. (*cards*)	1721	Elle a rejoué la couleur demandée.
Lead the way!	1722	Montrez-moi le chemin!
He is easily led.	1723	Il va comme on le mène *ou* il se laisse entraîner.
Which street leads to the station?	1724	Quel est le chemin de la gare?
What will it lead to?	1725	A quoi cela aboutira-t-il?
Lead on!	1726	En avant!
He has turned over a new leaf.	1727	Il a tourné la page.
It's bound to leak out.	1728	Cela se saura forcément.
I have leaky shoes.	1729	J'ai des souliers qui prennent l'eau.
He was leaning on his elbow.	1730	Il était accoudé.
He leaped to his feet.	1731	Il s'est levé brusquement.
I have learned better since then.	1732	J'en sais plus long.
Live and learn.	1733	On apprend à tout âge.
That's the least of my worries.	1734	Ça, c'est le dernier de mes soucis.
To say the least	1735	Pour ne pas dire plus
I can at least try.	1736	Je peux toujours essayer.
Not in the least.	1737	Pas le moins du monde.
The least said the better.	1738	Trop gratter cuit, trop parler nuit.
Have you your landing pass?	1739	Avez-vous votre permis de débarquer?
I am on leave of absence.	1740	Je suis en permission *ou* congé.
Take it or leave it.	1741	C'est à prendre ou à laisser.
Don't leave her standing there.	1742	Ne la laissez pas plantée là.
I was left to myself.	1743	J'étais livré à moi-même.

Let's leave it at that.	1744	Demeurons-en là.
I leave it to you.	1745	Je me fie à vous.
Leave it to me.	1746	Je m'en charge
Just as I was leaving	1747	Au moment de mon départ
I was on my last legs.	1748	J'étais à bout de ressources.
You're pulling my leg.	1749	Vous voulez me faire marcher.
Leg of a chicken	1750	Cuisse de volaille
I am at leisure.	1751	Je suis libre.
He would go to any length.	1752	Rien ne l'arrêterait.
She went to great lengths.	1753	Elle est allée bien loin.
Full-length film	1754	Long métrage
She chose the lesser of two evils.	1755	De deux maux elle a choisi le moindre.
Let that be a lesson to you!	1756	Que cela vous serve d'exemple!
Let me say that	1757	Permettez-moi de dire que
I should have let him know.	1758	J'aurais dû le lui faire savoir.
Now, don't let's have any nonsense!	1759	Allons, pas de bêtises!
Let there be no mistake about it!	1760	Qu'on ne s'y trompe pas!
Let me see!	1761	Voyons!
Don't let me see you here again!	1762	Que je ne vous retrouve plus ici!
Just let me catch you at it again!	1763	Que je vous y reprenne!
Let him down gently.	1764	Ne soyez pas trop dur avec lui.
I won't let you down.	1765	Vous pouvez compter sur moi.
I didn't know what I was letting myself in for.	1766	Je ne savais pas à quoi je m'engageais.
I'll let you off.	1767	Je vous en tiendrai quitte.

You let him off too easily.	1768	Vous lui faites la part trop belle.
I'll let you off this time.	1769	Je vous pardonne cette fois-ci.
Don't you let on!	1770	Ne vendez pas la mèche!
He's on the level.	1771	Il est de bonne foi.
He is level-headed.	1772	Il est bien équilibré.
He did his level best.	1773	Il a fait le maximum d'efforts.
He lies like a trooper.	1774	Il ment comme un arracheur de dents.
He takes a good many liberties.	1775	Il se permet bien des choses.
Driver's license	1776	Permis de conduire
It's a pack of lies!	1777	C'est un tissu de mensonges!
Lie still!	1778	Restez tranquille!
It lies entirely with you to do it.	1779	Il dépend de vous de le faire.
I'm going to lie down.	1780	Je vais me reposer.
Lie down! (to a dog)	1781	Va te coucher!
He took it lying down.	1782	Il n'a pas dit mot.
Not on your life!	1783	Jamais de la vie!
He was the life of the party.	1784	Il était le boute-en-train de la fête.
At my time of life	1785	A mon âge
Such is life!	1786	Ainsi va la vie!
Can I give you a lift?	1787	Voulez-vous profiter de ma voiture?
There is plenty of light.	1788	Il fait clair.
It is light.	1789	Il fait jour.
You are in my light.	1790	Vous êtes dans ma lumière.
Get out of my light.	1791	Ôtez-vous de ma lumière.
Will you give me a light?	1792	Voudriez-vous me donner du feu?

Her face lit up.	1793	Son visage s'éclaircit.
I'm a light sleeper.	1794	J'ai le sommeil léger.
People like you.	1795	Des gens de votre sorte.
Whom *or* who is he like?	1796	A qui ressemble-t-il?
What is she like?	1797	Comment est-elle?
Old people are like that.	1798	Les vieilles gens sont ainsi faits.
I never saw anything like it.	1799	Je n'ai rien vu de pareil.
There's nothing like it.	1800	Il n'y a rien de semblable.
That's just like a man.	1801	Voilà bien les hommes.
That's just like him!	1802	C'est bien lui!
That fits you like a glove.	1803	Ça vous va comme un gant.
We shall never see his like again.	1804	Nous ne reverrons plus son pareil.
How do you like her?	1805	Comment la trouvez-vous?
How do you like your tea?	1806	Comment prenez-vous votre thé?
Whether he likes it or not	1807	Bon gré, mal gré
I like your nerve!	1808	Vous êtes bon! *ou* quel toupet!
I like that!	1809	Par exemple!
That's a likely story!	1810	La belle histoire!
It's very likely to happen.	1811	C'est très probable.
As likely as not	1812	Pour autant que je sache
That's the limit.	1813	Ça c'est le comble.
He has his limitations.	1814	Il est plutôt borné.
It's hard lines.	1815	C'est dur.
One must draw the line somewhere.	1816	Il y a limite à tout.
Drop me a line.	1817	Écrivez-moi un petit mot.
That's not my line.	1818	Ce n'est pas de mon métier.
That's more in my line.	1819	C'est plus dans mon genre.

Hard lines *or* luck!	**1820**	Pas de chance!
Don't wash your dirty linen in public.	**1821**	Il faut laver son linge sale en famille.
He's the missing link!	**1822**	Quel chimpanzé!
He never opened his lips.	**1823**	Il n'a pas desserré les dents.
Be it ever so little	**1824**	Si peu que ce soit
I see very little of him.	**1825**	Je ne le vois guère.
We have loads of time.	**1826**	Nous avons largement le temps.
That's a load off my mind!	**1827**	Quel soulagement!
Lock, stock, and barrel	**1828**	Tout sans exception
The door locks on the inside.	**1829**	La serrure joue à l'intérieur.
I was locked out.	**1830**	J'étais fermé dehors.
I'm going to lodge a complaint.	**1831**	Je vais porter plainte.
Board and lodging	**1832**	Chambre et pension
He pulled a long face.	**1833**	Il a fait la grimace.
They are a long time coming.	**1834**	Ils tardent à venir.
It's a long time since I saw her.	**1835**	Il y a longtemps que je ne l'ai vue.
He left a long time ago.	**1836**	Il y a beau temps qu'il est parti.
Before long	**1837**	Avant peu
It will not take long.	**1838**	Ce sera bientôt fait.
Have you been here long?	**1839**	Y a-t-il longtemps que vous êtes ici?
As long as	**1840**	Aussi longtemps que
He was not long. (*in coming*)	**1841**	Il n'a pas tardé à venir.
How long have you been here?	**1842**	Depuis quand êtes-vous ici?
Take a look at that!	**1843**	Regardez-moi ça!
By the looks of it	**1844**	D'après l'apparence

He looks fifty. (*years*)	1845	Il paraît avoir cinquante ans.
He looks older than he is.	1846	Il porte plus que son âge.
She looks young for her age.	1847	Elle porte bien son âge.
He looks his age.	1848	Il paraît son âge
That dress looks well.	1849	Cette robe a bonne façon.
Things are looking bad.	1850	Les choses prennent une mauvaise tournure.
How did he look?	1851	Quel air avait-il?
What does he look like?	1852	Comment est-il?
He looks the part.	1853	Il est fait pour ce rôle.
It looks like it.	1854	Cela en a l'air.
It looks like rain.	1855	Le temps est à la pluie.
It looks like fine weather.	1856	Le temps s'annonce bien.
Look here!	1857	Écoutez donc!
I look forward to seeing you.	1858	Je vous verrai avec plaisir.
Look out!	1859	Prenez garde!
That's his look-out!	1860	C'est son affaire!
Don't look around!	1861	Ne vous retournez pas.
I have a loose tooth.	1862	J'ai une dent qui branle.
I am at a loose end.	1863	Je me trouve sans rien à faire.
He was as drunk as a lord.	1864	Il était saoul comme une bourrique.
The joke was lost on him.	1865	Il n'a pas saisi la plaisanterie.
The clock *or* watch is losing.	1866	L'horloge *ou* la montre retarde.
He is a good *or* bad loser.	1867	Il est mon *ou* mauvais joueur.
It's her loss.	1868	C'est elle qui y perd.
I'm at a loss.	1869	Je suis embarrassé.
Lots of good things.	1870	Un tas de bonnes choses.
That's a lousy trick.	1871	C'est un sale coup.
Give my love to your sister.	1872	Faites mes amitiés à votre sœur.

I should love to.	1873	Je ne demande pas mieux.
Better luck next time!	1874	Ça ira mieux une autre fois!
Just my luck!	1875	C'est bien ma chance!
I keep it for luck.	1876	Je le *ou* la garde comme porte-bonheur.
I'm in luck.	1877	Je suis en veine.
Lucky dog!	1878	Veinard que vous êtes!
She is lucky.	1879	Elle a de la chance.
There was a lull in the conversation.	1880	La conversation était tombée.
Lump sum	1881	Somme globale
That brings a lump to my throat.	1882	J'ai la gorge serrée.
If you don't like it you can lump it.	1883	Si cela ne vous plaît pas, c'est le même prix.
She left him in the lurch.	1884	Elle l'a planté là.
He's raving mad.	1885	Il est tout à fait fou.
He drives me mad.	1886	Il me rend fou.
It's enough to drive you mad.	1887	Il y a de quoi vous rendre fou.
Like mad	1888	Comme un perdu
A mad dog	1889	Un chien enragé
Like magic	1890	Comme par enchantement
What was her maiden name?	1891	Qui est-elle née?
When does the next mail leave?	1892	A quand le prochain départ du courrier?
By main force	1893	De vive force
The main thing is that	1894	L'essentiel est que
I maintain that	1895	Je prétends que
Our own make	1896	De notre fabrication
What is it made of?	1897	En quoi est-ce?
What do you make of it?	1898	Qu'en pensez-vous?

What makes you so late?	**1899**	Qu'est-ce qui vous met si en retard?
How do you make that out?	**1900**	Comment arrivez-vous à ce résultat?
I can't make it out.	**1901**	Je ne puis m'y retrouver.
That makes up for it.	**1902**	C'est une compensation.
With malice aforethought	**1903**	Avec intention criminelle
Good man! *or* Well done!	**1904**	Bravo!
He's a hard man to manage.	**1905**	Il faut savoir le prendre.
I'll manage it.	**1906**	J'en viendrai à bout.
He has a manner of speaking that	**1907**	Il a une façon de parler que
He has a poor manner.	**1908**	Il ne sait pas se présenter.
It's bad manners to stare.	**1909**	C'est mal élevé de dévisager les gens.
I'll teach him manners.	**1910**	Je lui apprendrai à vivre.
Where are your manners?	**1911**	D'où sortez-vous?
There are a good many.	**1912**	Il y en a pas mal.
Tell that to the marines!	**1913**	Allez conter ça ailleurs!
He's an easy mark.	**1914**	C'est une poire.
You don't look up to the mark.	**1915**	Vous n'avez pas bonne mine.
Mark my words!	**1916**	Ecoutez-moi bien!
The market (*stock*) is up *or* down	**1917**	Le marché a haussé *ou* baissé
He has married well.	**1918**	Il a fait un bon mariage.
They are a happily married couple.	**1919**	C'est un ménage heureux.
He's a martinet.	**1920**	C'est un vrai gendarme.
He makes a martyr of himself.	**1921**	Il se torture le cœur à plaisir.
He's his own master.	**1922**	Il s'appartient.
He met his match.	**1923**	Il a trouvé à qui parler.

They're well matched.	1924	Ils vont bien ensemble.
It doesn't matter.	1925	Ça ne fait rien.
No matter how you do it.	1926	De n'importe quelle manière que vous le fassiez.
That's quite another matter.	1927	C'est tout autre chose.
For that matter	1928	Pour ce qui est de cela
What's the matter?	1929	Qu'y a-t-il?
There is something the matter.	1930	Il y quelque chose qui ne va pas.
There is something the matter with her.	1931	Elle a quelque chose.
What's the matter with you!	1932	Qu'avez-vous?
It doesn't matter a bit.	1933	Cela n'a pas la moindre importance.
May I be allowed to	1934	Qu'il me soit permis de
He may miss his train.	1935	Il se peut qu'il manque le train.
I may have lost it.	1936	J'ai pu le perdre.
It may be that	1937	Il se peut que
We may as well stay where we are.	1938	Autant vaut rester où nous sommes.
May I?	1939	Vous permettez?
If I may say so.	1940	Si j'ose dire.
To be taken after *or* before meals	1941	A prendre après *ou* avant les repas
By all means	1942	A n'importe quel prix
She lives beyond her means.	1943	Elle vit au-dessus de ses moyens.
I feel mean.	1944	Je me sens mesquin.
That's a mean trick	1945	Ça c'est un sale coup.
That's mean of him.	1946	Ce n'est pas chic de sa part.
Don't be so mean!	1947	Ne soyez pas si mesquin!
He means well.	1948	Il a de bonnes intentions.

Do you mean me?	**1949**	Est-ce de moi que vous parlez?
What do you mean?	**1950**	Que voulez-vous dire?
What do you mean by that?	**1951**	Qu'entendez-vous par là?
Does she mean what she says?	**1952**	Dit-elle réellement sa pensée?
He doesn't mean anything by it.	**1953**	Cela ne signifie rien.
You don't mean it!	**1954**	Pas possible!
When she says No, she means No.	**1955**	Quand elle dit non c'est non.
What's the meaning of this?	**1956**	Qu'est-ce que cela signifie?
In large measure.	**1957**	En grande partie.
She gave him a taste of his own medicine.	**1958**	Elle lui a rendu la pareille.
He sticks to a happy medium.	**1959**	Il s'en tient à un juste milieu.
He was as meek as Moses.	**1960**	Il était doux comme un agneau.
I'm going to meet her at the station.	**1961**	Je vais la chercher à la gare.
Meet Mr. Smith.	**1962**	Je vous présente M. Smith.
I'm very pleased to meet you.	**1963**	Enchanté de faire votre connaissance.
There is more in it than meets the eye.	**1964**	On ne voit pas le dessous des cartes.
We have met before.	**1965**	Nous nous sommes déjà vus.
I hope we shall meet again.	**1966**	Au plaisir de vous revoir.
If memory serves	**1967**	Si j'ai bonne mémoire
He has a memory like a sieve.	**1968**	Il a une mémoire de lièvre.
It slipped my memory.	**1969**	Cela m'est sorti de la mémoire.
To the best of my memory	**1970**	Autant qu'il m'en souvienne
I shall mention it to him.	**1971**	Je lui en toucherai un mot.
It's not worth mentioning.	**1972**	Cela est sans importance.

Don't mention it.	**1973**	Du tout, *ou* de rien.
She's always merry and bright.	**1974**	Elle est toujours pleine d'entrain.
The more the merrier.	**1975**	Plus on est de fous, plus on rit.
What a mess!	**1976**	Quel gâchis! *ou* Quelle pagaille!
I'm in a pretty mess!	**1977**	Me voilà dans de beaux draps!
A nice mess you've made of it!	**1978**	Vous avez fait du joli!
There's method in his madness.	**1979**	Il n'est pas si fou qu'il n'en a l'air.
There's no middle course.	**1980**	Il n'y a pas de milieu.
I was in the midst of reading.	**1981**	J'étais en train de lire.
Might is right.	**1982**	Force passe droit.
It is getting milder. (*weather*)	**1983**	Le temps s'adoucit.
To put it mildly	**1984**	Pour m'exprimer avec modération
It's no use crying over spilt milk.	**1985**	Ce qui est fait est fait.
She did not mince words.	**1986**	Elle avait son franc-parler.
I shall keep him in mind.	**1987**	Je songerai à lui.
Bear that in mind!	**1988**	Rappelez-vous bien cela!
He puts me in mind of his father.	**1989**	Il me rappelle son père.
She gave him a piece of her mind.	**1990**	Elle lui a dit sa façon de penser.
Make up your mind!	**1991**	Décidez-vous!
That's a weight off my mind.	**1992**	Voilà qui me soulage l'esprit.
Put it out of your mind.	**1993**	N'y pensez plus.
I can't get that out of my mind.	**1994**	Je ne peux pas m'ôter cela de l'idée.

Great minds think alike.	1995	Les beaux esprits se rencontrent.
You'll drive me out of my mind.	1996	Vous me ferez perdre la tête.
Never mind him.	1997	Ne faites pas attention à lui.
Never mind that.	1998	Qu'à cela ne tienne.
Never you mind!	1999	Ça ne vous regarde pas!
Mind your own business!	2000	Mêlez-vous de vos affaires!
You don't mind my smoking?	2001	Vous voulez bien que je fume?
If you don't mind.	2002	Si cela vous est égal.
Never mind!	2003	N'importe!
Minor suit (*cards*)	2004	Petite couleur
I expect him any minute.	2005	Je l'attends d'un moment à l'autre.
If I'm not mistaken	2006	A moins que je ne fasse erreur
He's always getting into mischief.	2007	Il est toujours à faire des siennes.
Keep out of mischief!	2008	Ne faites pas de bêtises!
He made my life miserable.	2009	Il m'a rendu la vie dure.
What miserable weather!	2010	Quel chien de temps!
He missed the point.	2011	Il a répondu à côté.
I missed my way.	2012	Je me suis trompé de route.
She missed her footing.	2013	Le pied lui a manqué.
You haven't missed much!	2014	Ce n'était pas bien intéressant!
He missed the joke.	2015	Il n'a pas saisi la plaisanterie.
It will never be missed.	2016	On ne s'apercevra pas que cela n'y est plus.
I miss you.	2017	Vous me manquez.
They will miss each other.	2018	Ils se manqueront.
I made a mistake.	2019	J'ai fait une faute.
There is some mistake.	2020	Il y a erreur.

There can be no mistake.	2021	Il n'y a pas à s'y tromper.
Let there be no mistake about it.	2022	Que l'on ne s'y trompe pas.
If I'm not mistaken.	2023	Si je ne me trompe.
That's just where you're mistaken.	2024	C'est justement ce qui vous trompe.
She's a good mixer.	2025	Elle est liante avec tout le monde.
I say it with all modesty.	2026	Je le dis sans vanité.
I haven't a moment to spare.	2027	Je n'ai pas un instant de libre.
One moment, please. (*telephone*)	2028	Ne quittez pas, S.V.P.
You may expect me at any moment.	2029	J'arriverai incessament.
She came into money.	2030	Elle a fait un héritage.
He is made of money.	2031	Il est cousu d'or.
I got my money back.	2032	On m'a remboursé.
You young monkey!	2033	Petit polisson!
I won't stand any monkey business.	2034	Vous n'allez pas me la faire.
What day of the month is this?	2035	Quel est le quantième du mois?
A month ago today	2036	Il y a un mois aujourd'hui
She's in a bad mood.	2037	Elle est mal disposée.
Once in a blue moon	2038	Tous les trente-six du mois
Is there any more?	2039	Y en a-t-il encore?
What more do you want?	2040	Que vous faut-il de plus?
There's nothing more to be said.	2041	Il n'y a plus rien à dire.
I needn't say more.	2042	Pas besoin d'en dire davantage.
That's more than enough.	2043	C'est plus qu'il n'en faut.
That's more than I can say *or* tell.	2044	Je n'en sais rien.

More and more	2045	De plus en plus
Do it more like this.	2046	Faites-le plutôt comme ça.
All the more.	2047	A plus forte raison.
No more, thanks.	2048	Assez, merci.
Let's say no more about it.	2049	Qu'il n'en soit plus question.
Say no more.	2050	Cela suffit.
First thing in the morning	2051	Dès le matin
For the most part	2052	Pour la plupart
At the very most	2053	Tout au plus
Most likely.	2054	Très probablement.
He makes a mountain out of a mole-hill.	2055	Il se fait d'une mouche un éléphant.
That makes my mouth water.	2056	Ça me fait venir l'eau à la bouche.
Whose move is it?	2057	C'est à qui de jouer?
He's up to her every move.	2058	Il la connaît dans les coins.
He's always on the move.	2059	Il est toujours en mouvement.
Get a move on!	2060	Commencez donc!
It's your move.	2061	C'est à vous de jouer.
Keep moving!	2062	Circulez!
Don't move!	2063	Ne bougez pas!
It's time we were moving.	2064	C'est temps de partir.
How much is it?	2065	C'est combien?
It doesn't matter much.	2066	Ça ne fait pas grand'chose.
It is much to be desired.	2067	Il est fort a désirer.
Not much!	2068	Pas beoucoup!
It's not up to much.	2069	Cela ne vaut pas grand'chose.
Much he knows about it!	2070	Il n'en sait absolument rien!
That much?	2071	Autant que cela?
I don't think much of it.	2072	J'en fais peu de cas.
I guessed as much.	2073	Je m'y attendais.

That is so much to the good.	2074	C'est autant de gagné.
That's too much of a good thing.	2075	Cela passe la mesure.
His name is mud.	2076	Sa réputation ne vaut pas cher.
I'm muddled up.	2077	Je n'y suis plus.
Mum's the word!	2078	Bouche close! *ou* Motus!
It must be done.	2079	Il faut que cela se fasse.
I'm leaving you because I must.	2080	C'est malgré moi que je vous quitte.
I must have made a mistake.	2081	Je me serai trompé.
You must know him.	2082	Vous n'êtes pas sans le connaître.
It's a mystery to me.	2083	C'est lettre close pour moi.
He hit the nail on the head.	2084	Il a frappé juste.
He made a name for himself.	2085	Il s'est fait un nom.
He is narrow-minded	2086	Il a l'esprit étroit.
He has a nasty look in his eye.	2087	Il a l'air mauvais.
Don't be nasty.	2088	Ne faites donc pas le méchant.
He's a nasty bit of work.	2089	C'est un sale type.
It comes naturally to him.	2090	C'est un don chez lui.
He's been a naughty boy.	2091	Il a été méchant.
Nearer and nearer	2092	De plus en plus proche
As near as I can remember	2093	Autant qu'il m'en souvienne
That's as near as you can get.	2094	Vous ne trouverez pas mieux.
Don't come near me.	2095	Ne vous approchez pas de moi.
We are nearly there now.	2096	Nous voilà bientôt arrivés.
Very nearly	2097	Peu s'en faut
I nearly caught them.	2098	J'ai été près de les pincer.

I nearly fell.	2099	J'ai manqué de tomber.
He very nearly died.	2100	Il a frôlé la mort.
I take my whisky neat.	2101	Je bois mon whisky nature.
She has a neat pair of legs	2102	Elle a les jambes bien tournées.
She has a neat figure.	2103	Elle est bien faite.
If necessary	2104	S'il le faut
Is all that necessary?	2105	Faut-il tout cela?
It is a case of absolute necessity.	2106	C'est un cas de force majeure.
In case of necessity	2107	Au besoin
Is there any necessity to . . .	2108	Est-il besoin de . . .
There is no need for you to come.	2109	Vous n'avez pas besoin de venir.
This will need some explanation.	2110	Ceci demande à être expliqué.
You only needed to ask.	2111	Vous n'aviez qu'a demander.
Do you need to go so soon?	2112	Y a-t-il urgence à ce que vous partiez si tôt?
You don't need to wait.	2113	Inutile d'attendre.
You needn't say *or* do any more.	2114	Je vous fais grâce du reste.
It is needless to say that	2115	Inutile de dire que
She is all nerves.	2116	C'est un paquet de nerfs.
He gets on my nerves.	2117	Il me tape sur les nerfs.
You've got some nerve!	2118	Vous en avez un toupet!
I feel nervous.	2119	J'ai le trac.
I never slept a wink all night.	2120	Je n'ai pas fermé l'œil de la nuit.
That's nothing new.	2121	Rien de nouveau à cela.
That made a new man of him.	2122	Cela a fait de lui un autre homme.
That's news to me.	2123	C'est du nouveau.

No news is good news.	2124	Point de nouvelles, bonnes nouvelles.
She's always in the news.	2125	Elle défraye toujours la chronique.
The next thing is to	2126	Maintenant il s'agit de
What next!	2127	Par exemple!
What next, please?	2128	Et ensuite?
Who is next?	2129	A qui le tour?
Next door	2130	La maison d'à côté
That's a very nice point.	2131	Voilà une question délicate.
She was as nice as could be	2132	Elle s'est montrée aimable au possible.
We had a nice long chat.	2133	Nous avons fait une bonne petite causette.
It is nice here.	2134	Il fait bon ici.
How nice!	2135	Ça c'est chic!
That's a nice way to talk!	2136	C'est du joli ce que vous dites là!
Just in the nick of time	2137	Fort à propos
There's a snake in the grass.	2138	Il y a anguille sous roche.
We made a night of it.	2139	Nous avons fait la noce toute la nuit.
No nonsense!	2140	Pas de bêtises!
He will not take "no" for an answer.	2141	Il n'acceptera pas de refus.
You did nobly.	2142	Vous avez été magnifique.
Nobody knows it better than he.	2143	Il le sait mieux que personne.
Nobody was more surprised than I.	2144	Cela m'a surpris plus que personne.
There was not a living soul there.	2145	Il n'y avait pas âme qui vive.
We have only a nodding acquaintance.	2146	Nous nous saluons, c'est tout.

None of that!	**2147**	Pas de ça!
That's all nonsense!	**2148**	C'est un tas de sottises.
Nonsense!	**2149**	Quelle bêtise!
She'll stand no nonsense.	**2150**	Elle n'est pas d'humeur facile.
He looked down his nose at me.	**2151**	Il m'a regardé de haut.
Make a note of it.	**2152**	Prenez-le en note.
It is worthy of note that	**2153**	Il convient de noter que
Nothing annoys me more than to see	**2154**	Rien ne m'irrite davantage que de voir
Nothing could be simpler.	**2155**	Rien de plus simple.
Your hat looks like nothing on earth.	**2156**	Vous portez un chapeau invraisemblable.
There's nothing in these stories.	**2157**	Ces bruits sont sans fondement.
There's nothing to it!	**2158**	C'est simple comme bonjour.
Nothing venture, nothing win.	**2159**	Qui ne risque rien n'a rien.
Nothing much	**2160**	Pas grand'chose
That is nothing to do with you.	**2161**	Vous n'avez rien à y voir.
There is nothing to laugh at.	**2162**	Il n'y a pas de quoi rire.
He had nothing to say for himself.	**2163**	Il ne savait pas se faire valoir.
There's nothing else for it.	**2164**	C'est inévitable.
I got nothing out of it.	**2165**	J'ai travaillé pour le roi de Prusse.
All that goes for nothing.	**2166**	Tout cela ne compte pas.
A mere nothing	**2167**	Une bagatelle
He's none the worse for it.	**2168**	Il ne s'en porte pas plus mal.
Until further notice	**2169**	Jusqu'à nouvel avis
Without a moment's notice *or* warning	**2170**	Sans crier gare

I've never noticed it.	2171	Je n'y ai jamais pris garde.
Is it noticeable?	2172	Est-ce que ça se voit?
I haven't the least notion about it.	2173	Je n'en ai pas la moindre idée.
He's no novice.	2174	Il n'en est pas à son coup d'essai.
It's a case of now or never.	2175	Il s'agit de faire vite.
I'm going right now.	2176	J'y vais de ce pas.
Every now and then	2177	De temps à autre
From now on	2178	Dès maintenant
You're a nuisance!	2179	Vous m'embêtez!
What a nuisance!	2180	Quel ennui!
His number is up.	2181	Il a son affaire.
I number him among my friends.	2182	Je le compte parmi mes amis.
I'm nursing a cold.	2183	Je soigne un rhume.
That's a hard nut to crack.	2184	C'est un problème difficile à résoudre.
He's off his nut.	2185	Il est timbré *ou* il a perdu le nord.
I objected to doing it.	2186	Je me suis refusé à en faire.
I don't object to waiting.	2187	Cela ne me fait rien d'attendre.
If you have no objection	2188	Si cela ne vous fait rien
I see no objection to it.	2189	Je n'y vois pas inconvénient.
He's a most objectionable fellow.	2190	C'est un homme que personne ne peut souffrir.
I am under a great obligation to him.	2191	Je lui suis redevable de beaucoup.
She's always willing to oblige.	2192	Elle est toujours prête à rendre service.
Anything to oblige.	2193	Tout ce que vous voudrez pour vous faire plaisir.

He is very observant.	2194	Rien ne lui échappe.
Where is that obtainable?	2195	Où peut-on se procurer cela?
That's obvious.	2196	Cela ne se demande pas.
It was the obvious thing to do.	2197	C'était indiqué.
He is obviously wrong.	2198	Il est clair qu'il a tort.
There is no occasion to be alarmed.	2199	Il n'y a pas lieu de vous inquiéter.
Should the occasion arise	2200	S'il y a lieu
What is his occupation?	2201	Qu'est-ce qu'il est de son métier?
This seldom occurs.	2202	Ce fait est assez rare.
I occurs to me that	2203	Il me vient à l'idée que
That's an everyday occurrence.	2204	C'est un fait journalier.
He was the odd man (extra).	2205	Il restait en surnombre.
At odd times.	2206	Par-ci par-là.
The odd thing about it is that	2207	Le curieux de l'affaire, c'est que
Well, that's odd! or peculiar!	2208	Voilà qui est singulier!
What's the odds?	2209	Qu'est-ce que cela fait?
Odds and ends	2210	Petits bouts
I must be off.	2211	Il faut que je me sauve.
They're off!	2212	Les voilà partis!
Off we go!	2213	En route!
He had his coat off.	2214	Il était en manches de chemise.
The deal is off.	2215	Le marché est rompu.
It's all off.	2216	Tout est rompu.
I am off my food.	2217	Je suis dégoûté de ma nourriture.
Off season	2218	Morte-saison
She is easily offended.	2219	Elle est très susceptible.

How often?	2220	Combien de fois?
As often as	2221	Toutes les fois que
As often as not	2222	Assez souvent
Once too often	2223	Une fois de trop
I'm getting old.	2224	Je me fais vieux.
That's old stuff.	2225	C'est vieux jeu.
He's an old hand at it.	2226	Il est vieux dans ce métier.
He's old enough to know better.	2227	A son âge il devrait être plus raisonnable.
This round is on me.	2228	C'est moi qui paie cette tournée.
And so on.	2229	Et ainsi de suite.
I'm on!	2230	Ça me va!
Once upon a time	2231	Il était une fois
I will do it at once.	2232	Je vais le faire dès maintenant.
Don't all speak at once.	2233	Ne parlez pas tous à la fois.
You can't do two things at once.	2234	On ne peut sonner les cloches et aller à l'église.
It's all one.	2235	Cela revient au même.
Have you got one?	2236	En avez-vous un?
He is one of us.	2237	Il est des nôtres.
I, for one (will come).	2238	Moi, entre autres (je viendrai).
You are a one!	2239	Vous êtes un numéro vous!
In my opinion	2240	A mon sens
You should keep an open mind.	2241	Vous devriez rester sans parti pris.
He opened the bidding with two hearts.	2242	Il a annoncé deux cœurs d'entrée.
This door opens onto the garden.	2243	Cette porte donne sur le jardin.
I was waiting for an opening.	2244	J'attendais une occasion.

I am of the opinion that	**2245**	Je suis d'avis que
If I get the opportunity	**2246**	Si l'occasion se présente
The house is opposite the church.	**2247**	La maison est en face de l'église.
In the opposite direction.	**2248**	En sens inverse.
Is your passport in order?	**2249**	Votre passeport est-il en règle?
This machine is out of order.	**2250**	Cette machine est en mauvais état.
My stomach is out of order.	**2251**	J'ai l'estomac dérangé.
Order! order!	**2252**	A l'ordre!
Orders are orders.	**2253**	Je ne connais que la consigne.
I don't take orders from him.	**2254**	Je ne dépends pas de lui.
Until further orders.	**2255**	Jusqu'a nouvel ordre.
Have you given your order?	**2256**	Avez-vous commandé?
I'm just an ordinary tourist.	**2257**	Je suis un touriste comme un autre.
What about the others?	**2258**	Eh bien, et les autres?
Have you any others?	**2259**	En avez-vous encore?
There are three others.	**2260**	Il y en a encore trois.
I have no others.	**2261**	Je n'en ai pas d'autres.
He drinks more than he ought to.	**2262**	Il boit plus que de raison.
I thought I ought to let you know about it.	**2263**	J'ai cru devoir vous en faire part.
You ought to have seen it!	**2264**	Il fallait voir ça!
That ought to do it.	**2265**	Je crois que cela suffira.
Put him out!	**2266**	Mettez-le dehors!
Out there	**2267**	Là-bas
The sun is out.	**2268**	Il fait soleil.
Out with it!	**2269**	Achevez donc!
Out loud	**2270**	Tout haut

I was not far out.	2271	Je ne me trompais pas de beaucoup.
I feel out of it.	2272	Je me sens de trop.
You're out of your mind.	2273	Vous avez perdu la raison.
I don't know what the outcome will be.	2274	Je ne sais pas ce qui en résultera
I sleep outdoors.	2275	Je couche à la belle étoile.
There are the main outlines.	2276	Voilà les grandes lignes.
It's outrageous!	2277	C'est indigne!
She bought it outright.	2278	Elle l'a acheté comptant.
He was killed outright.	2279	Il a été tué net.
At the outset	2280	Au début
At the outside	2281	Tout au plus
That's not the question.	2282	C'est en dehors du sujet.
He's an outspoken fellow.	2283	Il aime son franc-parler.
With outstretched arms	2284	Les bras ouverts
I ache all over.	2285	J'ai mal partout.
That's you all over.	2286	Je vous reconnais bien là.
I have had to do it all over again.	2287	J'ai dû le faire de nouveau.
Ten times over	2288	Dix fois de suite
The milk boiled over.	2289	Le lait s'est sauvé.
And over I went.	2290	Et me voilà par terre.
Ask him over.	2291	Demandez-lui de venir.
The rain is over.	2292	La pluie a cessé.
The holidays are over.	2293	Finies, les vacances.
It's all over.	2294	C'est fini.
That's over and done with.	2295	Voilà qui est fini et bien fini.
He overcharged me.	2296	Il m'a fait payer trop cher.
The room was overcrowded.	2297	La salle regorgeait de monde.
Don't overdo it!	2298	Pas de zèle!

My account is overdrawn.	2299	J'ai du découvert.
I overheard a few words.	2300	J'ai surpris quelques mots.
He was overjoyed.	2301	Il nageait dans la joie.
I overlooked the fact.	2302	Ce fait m'a échappé.
Overlook it this time.	2303	Passez-le-moi cette fois.
Through an oversight	2304	Par mégarde
Don't overstep the mark.	2305	N'y allez pas trop fort.
I owe my life to you.	2306	Je vous suis redevable de ma vie.
Owing to	2307	A cause de
He owned up.	2308	Il a mangé le morceau.
My time is my own.	2309	Mon temps est à moi.
For reasons of her own.	2310	Pour des raisons particulières.
He works on his own.	2311	Il est établi à son propre compte.
I'm going to pack up my things.	2312	Je vais emballer mes effets.
The train was packed.	2313	Le train était bondé.
Are you in pain?	2314	Souffrez-vous?
He took great pains.	2315	Il s'est donné beaucoup de peine.
They painted the town red.	2316	Ils ont fait la nouba.
On a par with	2317	De pair avec
No parking.	2318	Défense de stationner.
Spare parts	2319	Pièces de rechange
I had no part in it.	2320	Je n'y étais pour rien.
You don't belong in these parts?	2321	Vous n'êtes pas de ces parages?
For my part.	2322	Quant à moi.
We parted good friends.	2323	Nous nous sommes quittés bons amis.
The best of friends must part.	2324	Il n'y a si bonne compagnie qui ne se sépare.

I'm not particular about it.	**2325**	Je n'y tiens pas plus que ça.
I was one of the party.	**2326**	J'étais de la partie.
She gave a party.	**2327**	Elle a eu du monde, *ou* Elle a donné une soirée, un dîner, etc.
Things have come to a pretty pass.	**2328**	Les choses sont dans un bel état.
Let it pass!	**2329**	Passons!
He passed himself off as an artist.	**2330**	Il s'est fait passer pour artiste.
He passed it off as a joke.	**2331**	Il l'a pris en riant.
For some time past	**2332**	Depuis quelque temps
As in the past	**2333**	Comme par le passé
I wouldn't put it past him.	**2334**	Je ne le croirais pas incapable.
I'll stand pat on that.	**2335**	Je m'en tiens à ce que j'ai dit.
Pat answer	**2336**	Réponse bien tapée
That's not a patch on you.	**2337**	Ça ne vous vient pas à la cheville.
Isn't it pathetic?	**2338**	C'est tout de même malheureux!
My patience is exhausted.	**2339**	Ma patience est à bout.
I lost all patience with him.	**2340**	Il m'a mis hors de moi.
We must wait patiently.	**2341**	Il faut patienter.
That gave me pause.	**2342**	Ça m'a fait hésiter.
I paid him five dollars to keep quiet.	**2343**	J'ai payé son silence cinq dollars.
I'm going to pay her a visit.	**2344**	Je vais lui rendre visite.
It will pay you to . . .	**2345**	C'est votre intérêt de . . .
It will not pay me.	**2346**	Je n'en tirerai aucun avantage.
I wouldn't do it again if I were paid for it.	**2347**	On me payerait que je ne le ferais plus.
He'll pay for this!	**2348**	Il ne le portera pas loin!

I'll pay you for that!	2349	Je vous revaudrai cela!
Paying guest	2350	Pensionnaire
She's a real peach.	2351	Elle est belle à croquer.
You're not the only pebble on the beach.	2352	Vous n'êtes pas unique au monde.
He's a square peg in a round hole.	2353	Il n'est pas à sa place.
He took me down a peg.	2354	Il m'a remis à ma place.
He paid the penalty of his foolishness.	2355	Il a subi les conséquences de sa sottise.
He hasn't a penny to his name.	2356	Il n'a pas le sou.
He's no good.	2357	C'est un mauvais sujet.
My people are at home.	2358	Mes parents sont chez eux.
What do you people think?	2359	Qu'en pensez-vous, vous autres?
People say *or* they say	2360	On dit
He is full of pep.	2361	Il est plein d'allant.
Sixty miles per hour	2362	Soixante milles à l'heure
It's perfect.	2363	C'est perlé.
He's a perfect stranger to me.	2364	Il m'est tout à fait inconnu.
Perish the thought!	2365	Loin de nous cette pensée!
I'm perishing with cold.	2366	Je meurs de froid.
I'm going to have a permanent.	2367	Je vais me faire faire une permanente.
What is a person to do?	2368	Qu'est-ce que vous voulez qu'on fasse?
Personally, I think	2369	Pour ma part, je pense
He persuaded me not to.	2370	Il m'en a dissuadé.
He's a regular pest!	2371	C'est un fléau!
He's on his pet subject again.	2372	Le revoilà sur son dada.
I know that puss (*face*).	2373	Je connais cette tête-là.

I have a bone to pick with you.	2374	J'ai un petit compte à régler avec vous.
He picks at his food.	2375	Il mange du bout des dents.
She picks and chooses.	2376	Elle fait la difficile.
I picked him out from the crowd.	2377	Je l'ai repéré parmi la foule.
Where did you pick that up?	2378	Où avez-vous pêché ça?
That will pick you up.	2379	Voilà qui vous remettra.
This car has a smart pick-up.	2380	Cette voiture a la reprise nette.
That's a fine pick-me-up.	2381	Voilà qui vous remonte.
She is always picking on him.	2382	Elle lui trouve toujours à redire.
She is painting a picture.	2383	Elle fait un tableau.
He is the picture of his father.	2384	C'est son père tout craché.
She's a perfect picture.	2385	Elle est à peindre.
Things are going to pieces.	2386	Tout se disloque.
That's a piece of good luck.	2387	Voilà un coup de chance.
That's a piece of carelessness.	2388	Voilà une étourderie.
He eats like a pig.	2389	C'est un cochon à l'auge.
You dirty little pig!	2390	Petit salaud!
Don't be a pig!	2391	Ne sois pas grossier!
You could have heard a pin drop.	2392	On aurait entendu trotter une souris.
For two pins I	2393	Pour un peu je
She was on pins and needles.	2394	Elle était dans ses petits souliers.
I have pins and needles in my foot.	2395	J'ai des fourmis dans le pied.
I take it with a pinch of salt.	2396	J'en prends et j'en laisse.
I'm in the pink.	2397	Je me porte à merveille.
Put that in your pipe and smoke it!	2398	Mettez cela dans votre poche!

Pitch into him!	2399	Tapez dessus!
Isn't it pitiful!	2400	Si c'est pas malheureux de voir ça!
What a pity!	2401	Quel dommage!
He's to be pitied.	2402	Il est à plaindre.
From place to place	2403	De-ci de-là
They are looking for you all over the place.	2404	On vous cherche partout.
This is no place for you.	2405	Vous n'avez que faire ici.
You can't be in two places at once.	2406	On ne peut pas être au four et au moulin.
Come round to my place.	2407	Venez jusque chez moi.
Take your places!	2408	En place!
If I were in your place	2409	A votre place
Put yourself in my place.	2410	Mettez-vous à ma place.
When will it take place?	2411	Quand aura-t-il lieu?
While this was taking place	2412	Tandis que cela se passait
She put him in his place.	2413	Elle l'a remis à sa place.
In the first place	2414	D'abord
It's not my place to do it.	2415	Cela ne rentre pas dans mes fonctions.
I found my place. (*book*)	2416	J'ai trouvé la page.
I know his face but I cannot place him.	2417	Je le connais de vue mais je ne sais plus où je l'ai rencontré.
To hell with him!	2418	Que le diable l'importe!
It's as plain as the nose on your face.	2419	Cela saute aux yeux.
In plain clothes	2420	En civil
That's a plain answer!	2421	Voilà qui est net!
She is plain.	2422	Elle n'est pas belle.
To put it plainly	2423	Pour parler clair

What are your plans?	2424	Que proposez-vous de faire?
I have no fixed plans.	2425	Je ne suis pas fixé.
It's not a bad plan to	2426	Ce n'est pas une mauvaise idée de
It's a good plan to	2427	On fait bien de
That is well planned.	2428	Ça c'est bien conçu.
Won't you play for us?	2429	Voulez-vous nous faire un peu de musique?
She played a joke on me.	2430	Elle m'a joué un tour.
He played a high card.	2431	Il a joué une forte carte.
I'll play you for the drinks.	2432	Je vous joue les consommations.
Life is pleasant here.	2433	Il fait bon vivre ici.
You can't please everybody.	2434	On ne saurait contenter tout le monde et son père.
I'm easily pleased.	2435	Je m'arrange de tout.
I dress to please myself.	2436	Je m'habille à mon gré.
Please yourself!	2437	Faites comme vous voudrez!
Anything to please!	2438	Soit!
May I?—Please do!	2439	Vous permettez?—Faites donc!
Do please sit down.	2440	Veuillez donc vous asseoir.
I like to do as I please.	2441	Je veux agir à ma guise.
Just as you please.	2442	C'est comme vous voudrez.
He is quite pleased with himself.	2443	Il est fort satisfait de sa petite personne.
The pleasure is mine.	2444	C'est moi qui suis enchanté.
Pleasure trip	2445	Voyage d'agrément
You have plenty of time.	2446	Vous avez bien le temps.
We arrived in plenty of time.	2447	Nous sommes arrivés de bonne heure.
It's plenty big enough.	2448	C'est bien assez gros *ou* grand.

I was in a sad plight.	2449	J'étais en mauvaise passe.
The plot thickens!	2450	L'intrigue se corse!
He has lots of pluck.	2451	Il a du cran.
He had plucked up courage.	2452	Il avait repris courage.
He was plugging along.	2453	Il continuait péniblement son chemin.
Plug it in.	2454	Branchez-le.
She is plump.	2455	Elle est grassouillette.
He takes the plunge to-morrow.	2456	Demain il dit le grand oui.
He always has his hand in his pocket.	2457	Il a toujours la main à la poche.
I am out of pocket.	2458	J'y perds.
These are points to be remembered.	2459	Voilà des considérations à se rappeler.
He is making a point of doing it.	2460	Il se fait un devoir de le faire.
Here is the point.	2461	Voici ce dont il s'agit.
That's just the point.	2462	C'est là le point.
That is not the point.	2463	Ce n'est pas là la question.
On this point	2464	A cet égard
That's very much to the point.	2465	C'est bien dit.
What would be the point of	2466	A quoi bon
He has his good points.	2467	Il a ses qualités.
I missed the point. (*joke*)	2468	J'ai manqué le piquant de la plaisanterie.
He refused point-blank.	2469	Il a refusé net.
This points to the fact that	2470	Cette circonstance laisse supposer que
May I point out that	2471	Permettez-moi de vous faire observer que
He gave me a poke in the ribs.	2472	Il m'a enfoncé le doigt dans les côtes.

He poked fun at me.	2473	Il s'est moqué de moi.
He pokes into other people's business.	2474	Il fourre son nez dans les affaires d'autrui.
He's as poor as a church mouse.	2475	Il est pauvre comme un rat d'église.
Poor thing!	2476	Pauvre petit!
Poor me!	2477	Pauvre de moi!
I'm going to pop into bed.	2478	Je vais me glisser dans mon lit.
He popped the question yesterday.	2479	Il a fait sa déclaration hier.
His eyes were popping out of his head.	2480	Les yeux lui sortaient de la tête.
Any port in a storm.	2481	Nécessité n'a pas de loi.
I'm not in a position to . . .	2482	Je ne suis pas en mesure de . . .
He is a positive nuisance.	2483	C'est un vrai crampon.
I am positive that	2484	Je suis convaincu que
What possessed you to do that?	2485	Qu'est-ce qui vous a pris de faire cela?
Possession is nine points of the law.	2486	Possession vaut titre.
If by any possibility	2487	S'il arrive que
It is possible that	2488	Il se peut que
What possible interest can you have in it?	2489	Quel diable d'intérêt cela peut-il avoir pour vous?
As far as possible . . .	2490	Dans la mesure du possible . . .
As early as possible . . .	2491	Le plus tôt possible . . .
How can I possibly do it?	2492	Comment pourrais-je le faire?
I'll do all I possibly can.	2493	Je ferai tout mon possible.
Possibly.	2494	Cela se peut.
He is always well posted.	2495	Il est toujours à la page.
What is the postage on this letter or parcel?	2496	A combien doit-on affranchir cette lettre ou ce paquet?

Come and take pot-luck with us.	2497	Venez manger la soupe avec nous.
Baked potatoes	2498	Pommes de terre en robe de chambre
It is pouring rain.	2499	Il pleut à verse.
That is beyond my power.	2500	Cela ne m'est pas possible.
More power to you!	2501	Allez-y!
What power do you use?	2502	Quelle espèce d'énergie utilisez-vous?
The powers that be	2503	Les autorités constituées
It takes years of practice.	2504	Cela demande de longues années de pratique.
I am out of practice.	2505	J'ai perdu l'habitude.
Practice makes perfect.	2506	C'est en forgeant qu'on devient forgeron.
She practises what she preaches.	2507	Elle montre l'exemple.
I want to practise my French on you.	2508	Je veux essayer mon français sur vous.
He's past praying for.	2509	Il est perdu sans retour.
I'm going to say my prayers.	2510	Je vais faire mes prières.
My prayer was granted.	2511	Ma prière a été exaucée.
By way of precaution	2512	A tout hasard
There is no precedent for it.	2513	Il n'y en a point d'exemple.
According to precedent.	2514	Suivant la coutume.
Precisely!	2515	Tout juste!
We're in a fine predicament!	2516	Nous voilà dans de beaux draps!
I'm in the same predicament.	2517	Nous pouvons nous donner la main.
She is three months pregnant.	2518	Elle est enceinte de trois mois.
Without prejudice	2519	Sous réserves
Nobody else was present.	2520	Nul autre n'était là.

He is quite presentable.	**2521**	Il fait bonne figure.
Don't press him too hard.	**2522**	Il ne faut pas lui mettre l'épée dans les reins.
I'll not press the matter.	**2523**	Je ne donnerai pas suite à l'affaire.
I am hard pressed.	**2524**	Je suis serré de près.
I am pressed for money.	**2525**	Je suis à court d'argent.
He needed no pressing.	**2526**	Il ne s'est pas fait tirer l'oreille.
He has high blood pressure.	**2527**	Il a de la tension.
Don't pretend you don't understand.	**2528**	Ne faites pas l'innocent.
She is as pretty as a picture.	**2529**	Elle est mignonne à croquer.
This is a pretty state of affairs!	**2530**	C'est du joli!
I am pretty well.	**2531**	Je me porte assez bien.
Pretty much the same.	**2532**	A peu près la même chose.
There's nothing to prevent my doing it.	**2533**	Il n'y a rien qui m'en empêche.
What is to prevent you?	**2534**	Qu'est-ce qui vous retient?
Prevention is better than cure.	**2535**	Mieux vaut prévenir que guérir.
You're a bit too previous.	**2536**	Vous allez trop vite.
There is something preying on his mind.	**2537**	Il y a quelque chose qui le travaille.
What is the price of that?	**2538**	Combien cela coûte-t-il?
Not at any price.	**2539**	Pour rien au monde.
Pride goes before a fall.	**2540**	Grande montée, grand chute.
He takes pride in his work.	**2541**	Il met son amour-propre dans son travail.
Don't be a prig!	**2542**	Ne faites pas de chichis!
He has passed his prime.	**2543**	Il n'est plus dans la fleur de l'âge.

He is a man of high principles.	2544	C'est un homme de haute moralité.
As a general principle	2545	En principe
In all probability	2546	Selon toute probabilité
How shall we proceed?	2547	Comment nous y prendrons-nous?
It's a slow process.	2548	Cela prend du temps.
How will that profit you?	2549	Ça vous fera une belle jambe?
He was making great profits.	2550	Il gagnait gros.
He has broken his promise.	2551	Il a manqué à sa promesse.
She shows great promise.	2552	Elle promet de belles espérances.
The future doesn't look too promising.	2553	L'avenir s'annonce mal.
You are prompt to the minute.	2554	Vous arrivez à l'heure exacte.
What prompted you to come?	2555	Qu'est-ce qui vous a donné l'idée de venir?
No prompting!	2556	Ne soufflez-pas!
That letter is not pronounced.	2557	Cette lettre ne se prononce pas.
The proof of the pudding is in the eating.	2558	A l'œuvre on connaît l'artisan.
The proper word.	2559	Le mot juste.
What is its proper name?	2560	Quel est son nom exact?
They got a good and proper beating.	2561	Ils ont reçu une belle raclée.
At the proper time	2562	En temps utile
The proper way to do it	2563	La meilleure manière de le faire
It's not the proper thing to do.	2564	C'est une chose qui ne se fait pas.
Do it properly or not at all.	2565	Faites-le bien ou pas du tout.

He was properly drunk.	2566	Il était complètement ivre.
He was properly caught.	2567	C'est lui qui a été attrapé.
He behaved properly.	2568	Il s'est conduit comme il faut.
A prophet is not without honour save in his own country.	2569	Nul n'est prophète en son pays.
What do you propose doing now?	2570	Que comptez-vous faire maintenant?
He's a tough proposition.	2571	On ne sait par où le prendre.
He observes the proprieties.	2572	Il observe les convenances.
There is little prospect of it.	2573	On ne peut guère y compter.
He was prostrate with grief.	2574	Il était terrassé par le chagrin.
The exception proves the rule.	2575	L'exception confirme la règle.
This has been provided for.	2576	On y a pourvu.
The law provides that . . .	2577	La loi porte que . . .
No provision has been made for it.	2578	On n'y a pas pourvu.
With the proviso that	2579	A condition que
How provoking!	2580	Quel ennui!
He's puffy under the eyes.	2581	Il a des poches sous les yeux.
He has pull.	2582	Il a du piston.
He will never pull through.	2583	Il ne guérira pas.
Come, pull yourself together!	2584	Voyons, remettez-vous!
They are not pulling together.	2585	Il ne s'entend pas.
Pull up!	2586	Arrêtez!
They pumped him.	2587	On l'a cuisiné.
I punched his nose.	2588	Je lui ai flanqué mon poing sur le nez.
He has a face you'd like to punch.	2589	Il a une tête de massacre.

He is very punctilious.	2590	Il est à cheval sur le protocole.
Another puncture!	2591	Encore une crevaison!
He took his punishment like a man.	2592	Il a reçu sa punition en homme.
He's a puny little fellow.	2593	C'est un petit gringalet.
He's a conceited puppy.	2594	C'est un jeune suffisant.
It's a pure waste of time.	2595	C'est tout simplement du temps perdu.
He did it on purpose.	2596	Il l'a fait exprès.
It serves various purposes.	2597	Il sert à plusieurs fins.
That answers the purpose.	2598	Ça répond au but.
For that purpose	2599	Dans ce but
For all purposes	2600	A toutes fins
Very much to the purpose	2601	Fort à propos
My efforts were to little purpose.	2602	Mes efforts n'ont pas abouti à grand'chose.
All that is to no purpose.	2603	Tout cela ne sert à rien.
I came purposely to see him.	2604	Je suis venu exprès pour le voir.
You can't make a silk purse out of a sow's ear.	2605	On ne peut tirer de la farine d'un sac de son.
She holds the purse strings.	2606	C'est elle qui tient les cordons de la bourse.
He has plenty of push.	2607	C'est un arriviste.
I don't want to push you.	2608	Je ne voudrais pas vous importuner.
Don't push him too far.	2609	Ne le poussez à bout.
I'm pushed for time.	2610	Le temps me manque.
It's time to push off.	2611	Il est temps de se mettre en route.
As soon as he opened his mouth he put his foot in it.	2612	Il a perdu une belle occasion de se taire.
Put it there!	2613	Touchez-là!

She put him in his place.	2614	Elle l'a remis à sa place.
He put the matter right.	2615	Il a arrangé l'affaire.
She put him out of suspense.	2616	Elle l'a tiré du doute.
Put it to him nicely.	2617	Présentez-lui la chose gentiment.
To put it bluntly	2618	Pour parler franc
I don't know how to put it.	2619	Je ne sais comment dire.
He put it to good use.	2620	Il l'a employé à un bon usage.
She put him through it.	2621	Elle lui a fait passer un mauvais quart d'heure.
I am putting you to a lot of trouble.	2622	Je vous dérange beaucoup
Don't put yourself out.	2623	Ne vous dérangez pas.
You can't put that over me.	2624	On ne me le fait pas.
Put that away.	2625	Remettez cela à sa place.
He put down his hand. (*cards*)	2626	Il a abbattu ses cartes.
He put his best foot forward.	2627	Il a parti du pied droit.
We'll put it off till another time.	2628	C'est partie remise.
Don't be always putting off.	2629	Ne remettez pas à l'infini.
He puts me off.	2630	Il me fait tromper.
Put on your hat.	2631	Mettez votre chapeau.
I'm going to put on my dinner-jacket.	2632	Je vais me mettre en smoking.
You don't know how to put your things on.	2633	Vous ne savez pas vous habiller.
That's all put on.	2634	Tout ça c'est de la pose.
Doesn't he put it on!	2635	Quel poseur!
Who put you on to it?	2636	Qui est-ce qui vous a donné le tuyau?
He never gets put out.	2637	Il ne se laisse jamais démonter.

The least thing puts him out.	2638	Il s'émeut d'un rien.
I can't put you up.	2639	Je ne peux pas vous coucher.
I had to put up with it.	2640	J'ai dû passer par là.
Who put you up to this?	2641	Qui est-ce qui vous a fait faire cela?
I will not be put upon.	2642	Je ne veux pas qu'on se fiche de moi.
That puzzles me.	2643	Cela m'intrigue.
Isn't she quaint?	2644	Quelle drôle de petite bonne femme!
I was quaking in my shoes.	2645	Je tremblais dans ma peau.
Quality will tell in the end.	2646	Le bon grain finit toujours par lever.
I have no qualms about doing that.	2647	Je ne me fais pas le moindre scrupule de faire cela.
I'm in a quandary.	2648	Je me trouve dans une impasse.
I have no quarrel with him.	2649	Je n'ai rien à lui reprocher.
They've been quarrelling.	2650	Le torchon brûle entre les deux maisons.
I expect no more trouble from that quarter.	2651	Je n'attends plus aucune difficulté de ce côté-là.
It is rumoured in certain quarters that	2652	Le bruit court dans certaines sphères que
I feel very queer.	2653	Je suis tout je ne sais comment.
I cannot answer that question.	2654	Je ne suis pas en mesure de répondre à cette question
Without question	2655	Sans aucun doute
He obeys without question.	2656	Il obéit aveuglement.
There's no question about it.	2657	Il n'y a pas de doute là-dessus.
That is beside the question.	2658	Il ne s'agit pas de cela.
It is out of the question.	2659	Il ne faut pas y songer.

What a question to ask!	2660	La belle question!
Will you show me the quickest way there?	2661	Voulez-vous m'indiquer le chemin le plus court pour y arriver.
I'm going to have a quick luncheon.	2662	Je vais déjeuner sur le pouce.
She has a quick temper.	2663	Elle a la tête près du bonnet.
Be quiet!	2664	Taisez-vous!
He did it on the quiet.	2665	Il l'a fait en cachette.
I'm telling you that on the quiet.	2666	Je vous dis ça entre nous.
Quite so!	2667	D'accord.
Not quite.	2668	Pas tout à fait.
I'll race you!	2669	A qui arrivera le premier!
He is kicking up a racket.	2670	Il fait du boucan.
It's all the rage.	2671	Cela fait fureur.
I have a raging headache.	2672	J'ai un mal de tête fou.
It is turning to rain.	2673	Le temps se met à la pluie.
Come in out of the rain!	2674	Ne restez pas à la pluie!
It is raining cats and dogs.	2675	Il pleut à verse.
It never rains but it pours.	2676	Jamais deux sans trois.
I must put something by for a rainy day.	2677	Il faut mettre de côté pour les mauvais jours.
No one raised his voice.	2678	Personne n'a soufflé mot.
That raised his spirits.	2679	Cela lui a remonté le moral.
I must raise some money.	2680	Il faut me procurer de l'argent.
That is beyond my range.	2681	Ça c'est hors de ma portée.
I smell a rat.	2682	Je me doute de quelque chose.
At the rate you are going	2683	Du train dont vous allez
At that rate	2684	Sur ce pied-là

At any rate	**2685**	Dans tous les cas
Rather a lot	**2686**	Un peu beaucoup
I would rather not go.	**2687**	J'aimerais autant ne pas y aller.
I'd rather not.	**2688**	Je n'y tiens pas.
Definitely!	**2689**	Je vous crois!
Out of reach.	**2690**	Hors de portée.
I like being read to.	**2691**	J'aime qu'on me fasse la lecture.
The thermometer reads thirty degrees.	**2692**	Le thermomètre marque trente dégrés.
He has everything in readiness.	**2693**	Il a tout prêt.
Ready? Go!	**2694**	Préparez-vous! Partez!
Please get my bill ready.	**2695**	Veuillez établir ma note *ou* mon addition
He is ready for anything.	**2696**	Il est prêt à tout.
Ready money	**2697**	Argent comptant
She is always ready with an answer.	**2698**	Elle a toujours la réplique prompte.
It's the real thing.	**2699**	C'est ce qu'il nous faut.
Not really?	**2700**	Pas possible!
I realized my mistake.	**2701**	Je suis revenu de mon erreur.
For reasons best known to myself	**2702**	Pour des raisons connues de moi seul
For the same reason	**2703**	Au même titre
For no reason at all	**2704**	Sans motif
The reason why	**2705**	Le pourquoi
You have reason to be glad.	**2706**	Vous avez sujet à vous réjouir.
I have reason to believe that . . .	**2707**	J'ai lieu de croire que . . .
It is not without good reason that	**2708**	Ce n'est pas pour rien que

He won't listen to reason.	2709	Il n'en fait qu'à sa volonté.
It stands to reason that	2710	Il va de soi que
I think it is reasonable that	2711	Je trouve naturel que
I don't recall his name.	2712	Je ne me souviens pas de son nom.
I am in receipt of your letter.	2713	J'ai bien reçu votre lettre.
On receipt of this letter	2714	Sur réception de cette lettre.
On receiving your letter	2715	Sur réception de votre lettre
Received with thanks	2716	Pour acquit
She was received with open arms.	2717	Elle a été accueillie à bras ouverts.
The proposal was well received.	2718	La proposition a reçu un accueil favorable.
As recently as yesterday	2719	Pas plus tard qu'hier
Until quite recently	2720	Jusque dans ces derniers temps
She spends recklessly.	2721	Elle dépense sans compter.
I reckon he is forty.	2722	Je lui donne quarante ans.
He's a man to be reckoned with.	2723	C'est un homme avec qui il faut compter.
To the best of my reckoning	2724	Autant que j'en puisse juger
She gave me a smile of recognition.	2725	Elle m'adressa un sourire de reconnaissance.
I do not recognize you.	2726	Je ne vous remets pas.
As far as I recollect *or* remember	2727	Autant qu'il m'en souvienne
I have some recollection of it.	2728	J'en ai quelque souvenir.
The hotel is recommended for its food.	2729	L'hôtel se recommende par sa cuisine.
I am reconciled to my lot.	2730	Je me suis résigné à mon sort.
It is on record that	2731	Il est fait mention dans l'histoire que
I find no record of it.	2732	Je n'en trouve aucune mention.

He has a bad record.	2733	Il a un dossier lourdement chargé.
He is quite recovered.	2734	Il est tout à fait remis.
She is making a good recovery.	2735	Elle est en bon train.
He has made a good recovery.	2736	Il s'est bien rétabli.
It's like a red rag to a bull.	2737	C'est le rouge pour les taureaux.
He was caught red-handed.	2738	Il a été pris sur le fait.
With no redeeming feature.	2739	Que rien ne rachete.
This will redound to your credit.	2740	Votre réputation y gagnera.
Do you want to reduce?	2741	Voulez-vous maigrir?
I was reduced to	2742	J'en étais arrivé à
At greatly reduced prices	2743	Avec un grand rabais
He was reeking of whisky.	2744	Il empestait le whisky.
This room is reeking of tobacco.	2745	Ça empoisonne le tabac ici.
My head reels.	2746	La tête me tourne.
I'm now re-established.	2747	Me voilà rétabli.
I have been referred to you.	2748	On m'a adressé à vous.
Referring to your letter.	2749	Comme suite à votre lettre.
This refers to you.	2750	Ceci se rapporte à vous.
I am not referring to you.	2751	Ce n'est pas à vous que j'en ai.
Who are you referring to?	2752	A qui en avez-vous?
He never refers to it.	2753	Il n'en parle jamais.
Without reference to	2754	Sans égard pour
If any reference is made to me	2755	Si on parle de moi
You may use my name as a reference.	2756	Vous pouvez vous réclamer de moi.
I'll take no refusal.	2757	Je n'admets pas de refus.

I've never been refused.	2758	On ne m'a jamais opposé un refus.
With regard to	2759	Quant à
Out of regard for her	2760	Par égard pour elle
He sends his kind regards.	2761	Il envoie le bonjour.
Give my kindest regards to	2762	Dites bien des choses de ma part à
I have no regrets.	2763	Je n'ai aucun regret.
Much to my regret	2764	A regret
It is to be regretted that	2765	Il est à regretter que
As regular as clockwork	2766	Exact comme une horloge
He is a man of regular habits.	2767	C'est un homme ordonné.
A regular hero	2768	Un vrai héros
He's a regular fellow *or* guy.	2769	C'est un chic type.
It happens regularly.	2770	Ça arrive tous les jours.
He rejoiced in the name of Smith.	2771	Il portait le nom de Smith.
We rejoin the ship at London.	2772	Nous rallions le bord à Londres.
He has had a relapse.	2773	Il a eu une rechute.
He is related to us.	2774	Nous sommes parents.
They are closely related.	2775	Ils sont proches parents.
Their relations are strained.	2776	Les relations sont tendues entre eux.
Is he any relation to you?	2777	Est-il de vos parents?
He is no relation to me.	2778	Il n'est pas de mes parents.
His face relaxed into a smile.	2779	Son visage s'est détendu dans un sourire.
As a relaxation, I	2780	Pour me délasser, je
Release the brake.	2781	Dégagez le frein.
Is he reliable?	2782	Peut-on compter sur lui?
He heaved a sigh of relief.	2783	Il a poussé un soupir de soulagement.

I am much relieved to hear it.	2784	C'est un grand soulagement pour moi de l'apprendre.
That relieves me of all responsibility.	2785	Cela me dégage de toute responsabilité.
We did not relish the idea.	2786	L'idée ne nous souriait pas.
He showed no reluctance to	2787	Il ne se fit pas tirer l'oreille pour
I did it with reluctance.	2788	Je l'ai fait à regret.
I say it reluctantly.	2789	Il m'en coûte de le dire.
I rely on it.	2790	J'y compte.
He is not to be relied upon.	2791	On ne peut pas compter sur lui.
I rely on you to help me.	2792	Je compte sur vous pour m'aider.
We can't rely on the weather.	2793	Le temps n'est pas sûr.
Rely on yourself only.	2794	Ne comptez que sur vous-même.
The fact remains that	2795	Il n'en est pas moins vrai que
Much yet remains to be done.	2796	Il reste encore beaucoup à faire.
Nothing remains for me but to	2797	Il ne me reste plus qu'à
It remains to be seen whether	2798	Reste à savoir si
Remember me to your mother.	2799	Rappelez-moi au bon souvenir de votre mère.
I remember seeing it.	2800	Je me souviens de l'avoir vu.
If I remember correctly	2801	Si je m'en souviens bien
Don't you remember me?	2802	Vous ne me remettez pas?
May I remind you that	2803	Je me permets de vous rappeler que
That reminds me.	2804	A propos.
He reminds me of my brother.	2805	Il me fait penser à mon frère.
Remind me to	2806	Rappelez-moi que je dois faire

As a reminder	2807	Pour mémoire
That is reminiscent of	2808	Cela me rappelle
Kindly remit by cheque.	2809	Prière de nous couvrir par chèque.
Far removed from	2810	Bien loin de
As per account rendered	2811	Suivant notre compte
He is renewing his youth.	2812	Il retrouve sa jeunesse.
I am renewing my acquaintance with them.	2813	Je refais connaissance avec eux.
Renewed hopes	2814	Nouvelles espérances
Beyond repair	2815	C'est fichu
The car is in good repair.	2816	Le voiture est en bon état.
He is quick at repartee.	2817	Il a la repartie prompte.
I owe you more than I can repay.	2818	Je vous dois une fière chandelle.
How can I repay you?	2819	Comment pourrai-je m'acquitter envers vous?
I told him repeatedly that	2820	Je lui ai dit à plusieurs reprises que
He has deeply repented it.	2821	Il s'en est mordu les doigts.
There was a report _or_ rumour that	2822	Le bruit courait que
He is reported as saying that . . .	2823	Il aurait dit que . . .
Nothing to report	2824	Rien à signaler
I have nothing to reproach myself with.	2825	Je n'ai rien à me reprocher.
He is very much in demand.	2826	On se le dispute _ou_ on se l'arrache.
What do you require of me?	2827	Qu'exigez-vous de moi?
Have you all you require?	2828	Avez-vous tout ce qu'il vous faut?
I shall do whatever is required.	2829	Je ferai le nécessaire.
If required	2830	Si besoin est

As may be required	**2831**	Selon les nécessités
That meets my requirements.	**2832**	Cela répond à mes désirs.
You resent my being here?	**2833**	Ma présence vous déplaît?
I reserve the right to	**2834**	Je me réserve de
The temptation was too strong to resist.	**2835**	La tentation était trop forte pour que je puisse y résister.
I couldn't resist telling him what I thought of him.	**2836**	Je n'ai pas pu m'empêcher de lui dire son fait.
She made no resistance.	**2837**	Elle s'est laissé faire.
He took the line of least resistance.	**2838**	Il est allé au plus facile.
He made a resolution to	**2839**	Il a pris la résolution de
Night club	**2840**	Boîte de nuit
Summer resort	**2841**	Station d'été
I'm calling on my own resources.	**2842**	Je mobilise toutes mes ressources.
With respect to	**2843**	En ce qui concerne
In many respects	**2844**	A bien des égards
In some respects	**2845**	Sous quelques rapports
With all due respect to you	**2846**	Sauf votre respect
You don't look respectable.	**2847**	Vous n'avez pas l'air convenable.
He is no respecter of persons.	**2848**	Il ne fait pas acception de personnes.
There was no response to the appeal.	**2849**	L'appel est resté sans réponse.
He is not responsible for his actions.	**2850**	Il n'est pas maître de ses actes.
I had a good night's rest.	**2851**	J'ai passé une bonne nuit.
I put his mind at rest.	**2852**	J'ai calmé son esprit.
Set your mind at rest.	**2853**	Ne vous inquiétez pas.
Let's rest here a while.	**2854**	Reposons-nous ici quelques instants.

There the matter rests.	2855	L'affaire en est là.
I'll not let it rest at that.	2856	Cela ne se passera pas ainsi.
And the rest?	2857	Et les autres?
The rest of us	2858	Nous autres
I had a restless *or* sleepless night.	2859	J'ai passé une nuit blanche.
The crowd was getting restless.	2860	La foule s'impatientait.
Is your health quite restored?	2861	Êtes-vous bien rétabli?
The result is that	2862	Il en résulte que
The result of which will be that	2863	Ce qui aura pour effet de
It resulted in nothing.	2864	Cela n'a mené à rien.
We retire early.	2865	Nous nous retirons de bonne heure.
I am retired on pension.	2866	J'ai pris ma retraite.
She gave him the retort courteous.	2867	Elle lui a fait une réplique courtoise.
On my return home I found	2868	De retour à la maison j'ai trouvé
By return of post	2869	Par retour du courrier
Many happy returns!	2870	Mes meilleurs vœux!
Return ticket	2871	Billet d'aller et retour
They have returned.	2872	Ils sont de retour.
Let's return to the subject.	2873	Revenons à nos moutons.
He returned spades. (*cards*)	2874	Il a rejoué du pique.
He revealed his identity.	2875	Il s'est fait connaître.
It is quite the reverse.	2876	Il est tout le contraire.
To revert to the subject	2877	Pour en revenir à la question
His spirits are reviving.	2878	Son courage se ranime.
This will revive you.	2879	Voilà qui vous remontera.
As a reward for	2880	En récompense de

Without rhyme or reason	2881	A tort et à travers
She tore it to ribbons.	2882	Elle l'a mis en lambeaux.
Will you be any the richer for it?	2883	En serez-vous plus gras?
He richly deserves it.	2884	Il l'a joliment bien mérité.
Get rid of him.	2885	Débarrassez-vous de lui.
Good riddance!	2886	Bon débarras!
Can you ride?	2887	Montez-vous à cheval?
I went all the way by car.	2888	J'ai fait tout le trajet en voiture.
The car rides smoothly.	2889	La voiture est bien suspendue.
He left himself open to ridicule.	2890	Il s'est exposé au ridicule.
What a ridiculous excuse!	2891	Plaisante excuse!
It is only right.	2892	Ce n'est que justice.
I must do the right thing.	2893	Je dois me conduire honnêtement.
She gave the right answer.	2894	Elle a répondu juste.
I can't get my figures right.	2895	Ça ne colle pas.
What is the right time?	2896	Quelle est l'heure juste?
My watch is right.	2897	Ma montre est à l'heure.
You are quite right!	2898	C'est vrai, ma foi!
Right side up	2899	A l'endroit
Is that the right house?	2900	Est-ce bien la maison?
Which is the right way to	2901	Quel est le meilleur chemin pour aller à
We are on the right road.	2902	Nous sommes dans le bon chemin.
In the right place	2903	Bien placé
You came at the right time.	2904	Vous êtes venu au bon moment.
The right thing to do	2905	Ce qu'il y a de mieux à faire
That's not the right thing.	2906	Ce n'est pas ce qu'il faut.

That's right.	2907	Voilà qui est bien.
Right you are!	2908	Entendu!
He's not right in the head.	2909	Il a un grain *ou* il est timbré.
It's all right.	2910	C'est parfait.
All right.	2911	Ça va bien.
It's all right for you to laugh!	2912	Permis à vous de rire!
By what right	2913	De quel droit
It belongs to him by right.	2914	Cela lui appartient de droit.
Keep to the right.	2915	Tenez la droite.
I'm going right home.	2916	Je rentre tout droit à la maison.
Do it right away.	2917	Faites-le sur-le-champ.
I'm going there right away.	2918	J'y vais de ce pas.
He has rings under his eyes.	2919	Il a les yeux battus.
The doorbell is ringing.	2920	On sonne à la porte.
That rings true *or* false.	2921	Cela sonne clair *ou* faux.
My ears are ringing.	2922	Mes oreilles tintent.
Let her rip!	2923	Laissez-la filer!
He's a real rip.	2924	C'est un gaillard.
A ripe old age	2925	Un bel âge
She took a rise out of him.	2926	Elle l'a fait marcher.
You can't get a rise out of him.	2927	On ne peut pas le faire fâcher.
That gives rise to difficulties.	2928	Ça fait surgir des difficultés.
On rising from the table	2929	Au sortir de table
I rise early *or* late.	2930	Je me lève tôt *ou* tard.
He did not rise to it.	2931	Il a laissé passer l'occasion.
Tears rose to my eyes.	2932	Les larmes me sont venues aux yeux.

My spirits are rising.	2933	Je me sens de plus en plus en verve.
Prices are rising.	2934	Les prix sont à la hausse.
He rose from nothing.	2935	Il est parti de rien.
She doesn't like rising early.	2936	Elle n'aime pas se lever tôt.
He's an early riser.	2937	Il est matinal.
I'm not taking any risks.	2938	Je ne veux rien risquer.
It isn't worth the risk.	2939	Ça ne vaut pas le coup.
At your own risk	2940	A vos risques et périls
I'll risk it.	2941	Je vais risquer le coup.
You are on the right road.	2942	Vous êtes dans la bonne voie.
This car holds the road well.	2943	Cette voiture tient bien la route.
He is doing a roaring trade.	2944	Il fait un gros commerce.
He gave me a good roasting.	2945	Il m'a blagué sans pitié.
Spare the rod and spoil the child.	2946	Qui aime bien châtie bien.
She rules him with a rod of iron.	2947	Elle le mène à la baguette.
He rolls his r's.	2948	Il fait ronfler ses r.
He's rolling in wealth.	2949	Il roule sur l'or.
He's a rolling stone.	2950	Il ne s'applique à rien.
There's plenty of room.	2951	Ce n'est pas la place qui manque.
There's no room.	2952	Il n'y a pas de place.
There was no reason to suppose that . . .	2953	Il n'y avait pas lieu de supposer que . . .
That leaves no room for doubt.	2954	Cela ne laisse place à aucun doute.
There is great room for improvement.	2955	Cela laisse beaucoup à désirer.
He goes to the root of things.	2956	Il va au fond des choses.
He stood rooted to the spot.	2957	Il est resté figé sur place.

He knows the ropes.	2958	Il connaît les ficelles.
Give him enough rope and he will hang himself.	2959	Laissez-le faire et il va s'enferrer tout seul.
Don't talk rot!	2960	Ne dites pas des bêtises!
He is rotten to the core.	2961	Il est pourri de vices.
I'm feeling rotten.	2962	Je me sens mal fichu.
He's a rotter.	2963	Il ne vaut pas les quatre fers d'un chien.
It was rough on him.	2964	C'était dur pour lui.
That's a rough guess.	2965	C'est une approximation.
At a rough guess	2966	Par aperçu ou approximativement
Roughly speaking	2967	En général
You must take the rough with the smooth.	2968	A la guerre comme à la guerre.
He wants to rough it.	2969	Il veut vivre à la dure.
She rode roughshod over him.	2970	Elle l'a foulé aux pieds.
He has round shoulders.	2971	Il est vouté.
The story went the rounds.	2972	L'histoire a fait le tour.
He stood a round of drinks.	2973	Il a payé une tournée.
We soon won him round.	2974	Nous l'avons vite gagné à notre cause.
Taken all round	2975	Dans l'ensemble
There's not enough to go round.	2976	Il n'y en a pas pour tout le monde.
Come now, rouse yourself!	2977	Voyons, secouez-vous!
Nothing will rouse him.	2978	Il n'a pas de sang dans les veines.
He is awful when roused.	2979	Il est terrible quand il est monté.
All in a row	2980	Tout sur un rang
In the front row	2981	Au première rangée
He kicked up a row.	2982	Il a fait du chahut.

What's the row? (*trouble*)	2983	Qu'est-ce qui se passe?
There'll be a row.	2984	Il va y avoir de la casse.
He got into a row.	2985	Il s'est fait sonner les cloches.
There's the rub!	2986	C'est là le diable!
He likes to rub shoulders with people.	2987	Il aime se frotter au monde.
He rubs people the wrong way.	2988	Il échauffe la bile des gens.
Don't rub it in!	2989	N'insistez pas davantage.
What rubbish!	2990	Allons donc!
There'll be ructions.	2991	Il y aura du grabuge.
Don't be rude!	2992	Tâchez d'être poli!
Would it be rude to inquire	2993	Peut-on demander sans indiscrétion
I have come to rue it.	2994	J'en suis au repentir.
I rue the day when	2995	Je regrette le jour où
Nothing ever ruffles him.	2996	Rien ne le trouble jamais.
He is on the road to ruin.	2997	Il est en train de se noyer.
That has been the ruin of him.	2998	C'est cela qui a fait son malheur.
As a rule	2999	En règle générale
I make it a rule to	3000	Je me suis fait une règle de
She is always on the run.	3001	Elle est tout le temps à courir.
I gave him a run for his money.	3002	Je lui ai fait voir du pays.
I had a run of luck.	3003	J'étais en veine.
In the long run	3004	En fin de compte
Now we must run for it.	3005	Maintenant il s'agit de les mettre.
The trains are not running.	3006	Les trains ont cessé de circuler.

The thought keeps running through my head.	3007	Cette idée ne me sort pas de l'esprit.
I felt the blood running to my head.	3008	J'ai senti le sang me monter à la tête.
My funds are running low.	3009	Mes fonds baissent.
My nose is running.	3010	Le nez me coule.
So the story runs.	3011	C'est ainsi qu'on raconte l'histoire.
I am running a temperature.	3012	Je fais de la température.
Run along!	3013	Filez!
Don't run away with the idea that	3014	N'allez pas vous imaginer que
Tears were running down her cheeks.	3015	Les larmes lui coulaient le long des joues.
My watch is running down.	3016	Ma montre va s'arrêter.
I was completely run down.	3017	J'étais complètement à plat.
I was run in (*arrested*).	3018	Je me suis fait coffrer.
I run into him often.	3019	Je tombe sur lui souvent.
That runs into a lot of money.	3020	Ça coûte gros.
I have run out of tobacco.	3021	Je suis à court de tabac.
We are running out of gasoline.	3022	Nous avons une panne sèche.
The car ran over his legs.	3023	L'auto lui a passé sur les jambes.
Three days running	3024	Trois jours de suite
I'm out of the running.	3025	Je n'ai plus aucune chance.
Is the car in running order?	3026	L'auto est-elle en état de marche?
He's a little runt.	3027	C'est un petit culot.
The rush hours	3028	Les heures de pointe
It is too much of a rush.	3029	C'est une course trop précipitée.
He refuses to be rushed.	3030	Il refuse de se laisser mener trop vite.

My French is rusty.	3031	Je suis rouillé en français.
He came to a sad end.	3032	Il a fait une triste fin.
I made a sad mistake.	3033	J'ai commis une fâcheuse erreur.
You are sadly mistaken.	3034	Vous vous trompez fort.
Why saddle me with your mistakes?	3035	Pourquoi me mettre vos méfaits sur le dos?
At last we are safe.	3036	Enfin nous voilà sauvés.
At a safe distance	3037	A distance respectable
Is it safe to leave him alone?	3038	Est-ce qu'il n'y a pas de danger à le laisser seul?
I want to be on the safe side.	3039	Je veux me tenir à carreau.
It is safe to say that . . .	3040	On peut dire à coup sûr que . . .
Safety first.	3041	Soyez prudent.
I said nothing of the kind.	3042	Je n'ai rien dit de pareil.
She sailed into him.	3043	Elle est tombée sur lui.
She sailed into the room.	3044	Elle est entrée majestueusement.
It's all plain sailing.	3045	Cela va tout seul.
I'm a good sailor.	3046	J'ai le pied marin.
Do it for my sake.	3047	Faites-le pour moi.
For old times' sake	3048	En souvenir du passé
The sales are on.	3049	C'est le moment des soldes.
In the same way	3050	De même
The same to you!	3051	A vous de même!
It is the same everywhere.	3052	Il en est ainsi partout.
All that amounts to the same thing.	3053	Tout cela revient au même.
It's all the same to me.	3054	Ça m'est égal.
If it's all the same to you	3055	Si ça vous est égal
All the same, I	3056	Malgré tout, je
I put up with his sarcasm.	3057	J'essuie ses sarcasmes.

I have satisfied myself that	3058	Je me suis assuré que
I am satisfied.	3059	Je m'y tiens.
A penny saved is a penny earned.	3060	Qui épargne gagne.
I might as well have saved my breath.	3061	J'avais beau parler, on ne m'écoutait pas.
I have no say in the matter.	3062	Je n'ai pas voix au chapitre.
You have only to say the word.	3063	Vous n'avez qu'à le dire.
I was asked to say a few words.	3064	On m'a prié de prendre la parole.
What do you say to a drink?	3065	Si on buvait un verre?
The less said the better.	3066	Moins nous parlerons mieux cela vaudra.
Say no more.	3067	N'en dites pas davantage.
What have you to say for yourself?	3068	Quelles sont vos nouvelles?
You don't say!	3069	Pas possible!
I made myself scarce.	3070	J'ai filé.
You'll scarcely believe it.	3071	Vous aurez de la peine à le croire.
Scarcely!	3072	J'en doute!
I was scared to death.	3073	J'avais une peur bleue.
He appeared on the scene.	3074	Il est entré en scène.
Don't make a scene.	3075	Calmez-vous.
He is no scholar.	3076	Son éducation laisse à désirer.
What school did you attend?	3077	Où avez-vous fait vos études?
All at one scoop	3078	D'un seul coup
That is beyond my scope.	3079	Cela n'est pas de ma compétence.
That's where he scores.	3080	C'est par là qu'il l'emporte.

He got into a scrape.	3081	Il s'est mis dans un mauvais pas.
He got out of a scrape.	3082	Il s'est tiré d'affaire.
Keep out of scrapes!	3083	Évitez les affaires.
You scratch my back and I'll scratch yours.	3084	Passez-moi la casse et je vous passerai le séné.
He has a screw loose.	3085	Il a perdu le nord.
His head is screwed on the right way.	3086	Il a la tête solide.
I screwed up my courage.	3087	J'ai pris mon courage à deux mains.
I'm all at sea.	3088	Je suis tout dérouté.
There is a heavy sea.	3089	Il y a de la mer.
I haven't yet found my sea-legs.	3090	Je n'ai pas encore le pied marin.
My lips are sealed.	3091	Il m'est défendu de parler.
The seamy side of life	3092	Les dessous de la vie
I am in search of	3093	Je suis en quête de
We searched the town over for him.	3094	Nous avons parcouru toute la ville à sa recherche.
She gave me a searching look.	3095	Elle m'a scruté du regard.
The busy season	3096	Le fort de la saison
In season and out of season	3097	A tout propos et sans propos
I want two seats. (*booking*)	3098	Il me faut deux places assises.
I've worn out the seat of my trousers.	3099	Je n'ai plus de fond à ma culotte.
He is second to none.	3100	Il ne le cède à personne.
He has no secrets.	3101	Il ne cache rien.
I make no secret of it.	3102	Je n'en fais pas mystère.
It's an open secret.	3103	C'est le secret de tout le monde.
Now we can feel secure.	3104	Nous voilà à l'abri.

As far as the eye can see	3105	A perte de vue
I can't see myself doing such a thing.	3106	Je ne me vois pas dans ce rôle.
I see him coming.	3107	Je le vois venir.
I'll see you home.	3108	Je vais vous mettre à la porte.
He will never see forty again.	3109	Il a quarante ans sonnés.
I don't see the point.	3110	Je ne saisis pas la nuance.
He can't see a joke.	3111	Il n'entend pas la plaisanterie.
From what I can see	3112	A ce que je vois
I see. (understand)	3113	Je comprends.
It remains to be seen whether	3114	Reste à savoir si
That remains to be seen.	3115	Qui vivra verra.
If you see fit to	3116	Si vous jugez à propos de
I'll go and see.	3117	Je vais y aller voir.
See if this hat suits you.	3118	Voyez si ce chapeau vous va.
Let me see.	3119	Attendez un peu.
I shall see you again soon.	3120	A bientôt.
See you on Tuesday.	3121	A mardi.
I'll see about it.	3122	Je m'en occuperai.
I'm beginning to see through it.	3123	Je commence à y voir clair.
I'm going to see it through.	3124	Je vais tenir jusqu'au bout.
Seeing is believing.	3125	Voir c'est croire.
It is a sight worth seeing.	3126	Cela vaut la peine d'être vu.
I feel seedy.	3127	Je me sens souffrant.
How does it seem to you?	3128	Qu'en pensez-vous?
It seems like a dream.	3129	On dirait un rêve.
I seem to remember that . . .	3130	Il me semble me souvenir que . . .
So it seems.	3131	A ce qu'il paraît.
It seems not.	3132	Il paraît que non.

He is quite his old self again.	3133	Il est complètement rétabli.
She is kindness itself.	3134	Elle est la bonté même.
I have hurt myself.	3135	Je me suis fait mal.
He keeps himself to himself.	3136	Il fait son pot à part.
I am not speaking for myself.	3137	Je ne parle pas en mon nom.
Everyone for himself.	3138	Chacun pour soi.
He is acting selfishly.	3139	Il agit en égoïste.
I use the word in its loosest sense.	3140	Je donne au mot son sens le plus large.
Are you in your right senses?	3141	Avez-vous toute votre raison?
You are out of your senses.	3142	Vous n'êtes pas dans votre bon sens.
He has a keen sense of humour.	3143	Il a un bon sens de l'humour.
He showed good sense.	3144	Il a fait preuve de jugement.
Talk sense!	3145	Parlez raisonnablement!
What is the sense of talking like that?	3146	A quoi bon parler comme cela?
He ought to have had more sense.	3147	Il aurait dû faire preuve de plus de jugement.
That's a senseless remark.	3148	Ça c'est une bêtise.
Don't be so sensitive.	3149	Ne soyez pas si susceptible.
Them's my sentiments.	3150	Voilà mon sentiment.
We sleep in separate beds.	3151	Nous faisons lit à part.
Things are getting serious.	3152	L'affaire se corse.
He is never serious about anything.	3153	Il traite tout à la blague.
I am serious.	3154	Je ne plaisante pas.
Don't take it so seriously.	3155	Ne prenez pas cela au tragique.
It serves you right.	3156	Ça vous apprendra.
I am at your service.	3157	Disposez de moi.

I must set my watch.	3158	Il me faut régler ma montre.
That set me thinking.	3159	Cela m'a fait réfléchir.
He is trying to set you against me.	3160	Il cherche à me nuire auprès de vous.
She's a well-set-up girl.	3161	C'est un beau brin de fille.
I'm all set.	3162	Je suis prêt à commencer.
I settled the argument.	3163	J'ai réglé la question.
I must settle my affairs.	3164	Je dois mettre ordre à mes affaires.
That settled my doubts.	3165	Cela a dissipé mes doutes.
Give me something to settle my stomach.	3166	Donnez-moi quelque chose pour me remettre l'estomac.
It's as good as settled.	3167	L'affaire est dans le sac.
That is settled then.	3168	Alors c'est dit.
That settles the question once and for all.	3169	Ça tranche la question.
Settle it among yourselves.	3170	Arrangez-vous.
I'll settle accounts with him!	3171	Je vais lui régler son compte!
Shall I settle for everybody?	3172	Voulez-vous que je règle toute l'addition?
Now to settle with you.	3173	Maintenant à nous deux.
That settled his hash.	3174	Ça lui a donné son reste.
He can't settle down to anything.	3175	Il ne se décide pas à choisir une occupation.
I have no desire to settle down.	3176	Je n'ai point envie de me fixer.
I have several.	3177	J'en ai plusieurs.
Will you sew on this button?	3178	Voulez-vous recoudre ce bouton?
There's a woman with sex appeal!	3179	Voilà une femme qui a du sex-appeal!
You look shabby.	3180	Vous avez l'air minable.
You have shadows under your eyes.	3181	Vous avez les yeux cernés.

He's on the shady side of forty.	3182	Il a dépassé la quarantaine.
He's a shady-looking customer.	3183	C'est un individu aux allures louches.
In two shakes of a dead lamb's tail	3184	En un rien de temps
He's no great shakes.	3185	Il ne casse rien.
We shook hands on it.	3186	Nous nous sommes serrés la main.
Shake!	3187	Félicitations!
His voice was shaking.	3188	Sa voix se troublait.
I have shaken off my cold.	3189	Je me suis débarrassé de mon rhume.
I can't shake him off.	3190	Il ne me lâche pas d'un cran.
I'm feeling shaky on my pins.	3191	Je ne tiens pas sur mes quilles.
I feel shaky today.	3192	Je ne suis pas d'aplomb aujourd'hui.
My French is shaky.	3193	Je suis faible en français.
He's a stuffed shirt.	3194	Il est collet-monté.
Which is as it should be	3195	Ce qui n'est que justice
You should have seen him!	3196	Il fallait le voir!
I wouldn't do it if I were you.	3197	A votre place je n'en ferais rien.
The room was a shambles.	3198	La chambre était en pagaille.
Shame on you!	3199	Honte à vous!
What a shame!	3200	Quelle honte!
I want a shampoo and a set.	3201	Je veux un shampooing et une mise en plis.
He is in good shape.	3202	Il est en bonne forme.
He has the lion's share.	3203	Il a la part du lion.
Share and share alike.	3204	En partageant également.
I have my fair share.	3205	Je suis bien loti.

He doesn't do his share.	3206	Il n'y met pas du sien.
She's as sharp as a needle.	3207	Elle est fine comme l'ambre.
That was sharp work!	3208	Ça n'a pas pris longtemps!
Look sharp!	3209	Faites vite!
This knife needs sharpening.	3210	Ce couteau a perdu son fil.
I feel like a lost sheep.	3211	Je me sens dépaysé.
She is on the shelf.	3212	Elle a coiffé sainte Catherine.
He shelled out.	3213	Il a casqué.
The sun is shining *or* it is sunny.	3214	Il fait soleil.
When my ship comes in.	3215	Dès que j'aurai fait fortune.
Keep your shirt on!	3216	Ne vous emballez pas!
It gives me the shivers to think of it.	3217	Ça me fait trembler, quand j'y pense.
It gave me such a shock.	3218	Cela m'a donné un coup.
The shock killed him.	3219	Il est mort de saisissement.
When I had recovered from the shock.	3220	Après mon premier étourdissement.
I shouldn't like to be in his shoes.	3221	Je ne voudrais pas être à sa place.
Don't shoot!	3222	Ne tirez pas!
He's like a bull in a china shop.	3223	Il est comme un chien dans un jeu de quilles.
A short time ago	3224	Il y a peu de temps
He made short work of it.	3225	Il n'y est pas allé par quatre chemins.
I am ten dollars short.	3226	Il me manque dix dollars.
Shortly after	3227	Peu après
He's a big shot.	3228	C'est une grosse légume.
I let him have it straight from the shoulder.	3229	Je ne le lui ai pas envoyé dire.
He is showing off.	3230	Il fait de l'épate.

He made a show of himself.	3231	Il s'est donné en spectacle.
He is running the show.	3232	Il est à la tête de l'affaire.
What can I show you, Madam?	3233	Madame désire?
Let me show you around.	3234	Laissez-moi vous piloter.
He shows his age.	3235	Il marque son âge.
Time will show *or* tell.	3236	Qui vivra verra.
I'll show you!	3237	Je vous apprendrai!
Your slip is showing.	3238	Votre jupon se voit.
That stain will never show.	3239	Cette tache nè se verra aucunement.
Show them in.	3240	Faites entrer.
I have a shrewd idea that	3241	Je suis porté à croire que
I can make a shrewd guess that	3242	J'ai de fortes raisons pour deviner que
It gives me the shudders.	3243	J'en ai le frisson.
I shudder at the thought of it.	3244	J'ai le frisson rien que d'y penser.
Shuffle the cards.	3245	Battez les cartes.
He kept his mouth shut.	3246	Il avait la bouche cousue.
Shut your mouth!	3247	La ferme! *ou* Taisez-vous!
The door won't shut.	3248	La porte ne ferme pas.
She's not at all shy.	3249	Elle n'a pas froid aux yeux.
He's not shy with women.	3250	Il est assez hardi avec les femmes.
Don't pretend to be shy.	3251	Ne faites pas la réservée.
I feel sick.	3252	J'ai mal au cœur.
It makes me sick to think of it.	3253	Cela me donne mâl au cœur rien que d'y penser.
You make me sick!	3254	J'en ai plein le dos.
He did look sick!	3255	Il en faisait une tête!

I'm sick of it.	3256	J'en ai assez.
I'm sick and tired of telling you.	3257	Je me tue à vous le dire.
Side by side	3258	L'un à coté de l'autre
Back side foremost	3259	Sens devant derrière
Wrong side out	3260	A l'envers
Right side out	3261	A l'endroit
The bright side of things	3262	Le bon côté
There are two sides to every question.	3263	Qui n'entend qu'une cloche n'entend qu'un son.
He has no side.	3264	Il est modeste.
He is on our side.	3265	Il est avec nous.
I signalled before stopping.	3266	J'ai mis le bras avant d'arrêter.
Silence gives consent.	3267	Qui ne dit mot consent.
Don't be silly!	3268	Ne faites pas le sot!
I did a silly thing.	3269	J'ai fait une bêtise.
The blow knocked me silly.	3270	Le coup m'a fait voir trente-six chandelles.
Simmer down!	3271	Contenez votre colère.
I simply won't.	3272	Je refuse.
You simply must.	3273	Il le faut absolument.
It is simplicity itself.	3274	C'est bête comme chou.
How long is it since	3275	Il y a combien de cela
Since that time	3276	Depuis lors
Sink or swim!	3277	Allons-y!
His words are beginning to sink in.	3278	Ses paroles commencent à faire impression.
My heart sank.	3279	Le cœur m'a manqué.
His spirits sank.	3280	Son courage a faibli.
He has sunk in my estimation.	3281	Il a baissé dans mon estime.

He was sunk in thought.	3282	Il était plongé dans ses pensées.
He's sunk!	3283	C'est un homme coulé!
That sinking feeling	3284	Ce sentiment de défaillance
They were sitting around the fire.	3285	Ils faisaient cercle autour du feu.
Would you rather sit here?	3286	Préférez-vous vous mettre ici?
He sat tight.	3287	Il n'a pas cédé.
Please sit down.	3288	Donnez-vous la peine de vous asseoir.
I'll make you sit up!	3289	Vous aurez de mes nouvelles!
He's sitting up and taking nourishment.	3290	Il est en train de se remettre.
Sit up! (*to a dog*)	3291	Faites le beau!
I'm sitting pretty.	3292	J'ai une bonne place.
This is how I am situated.	3293	Voici ma position.
Situated as he is	3294	Dans la position où il se trouve
It is six of one and half a dozen of the other.	3295	L'un vaut l'autre.
That's about the size of it.	3296	C'est à peu près cela.
It's three sizes too big.	3297	C'est trop grand de trois numéros *ou* pointures.
What size do you take? (*dress*)	3298	Quelle est votre taille?
I have sized him up.	3299	J'ai pris sa mesure.
He is nothing but skin and bone.	3300	Il n'a que la peau et les os.
Beauty is only skin-deep.	3301	La beauté n'est qu'à fleur de peau.
He's got a good skinful.	3302	Il tient une bonne cuite.
Grand *or* little slam (*bridge*)	3303	Grand *ou* petit chelem
I had a good sleep.	3304	J'ai fait un bon somme.

She talks in her sleep.	3305	Elle rêve tout haut.
My foot has gone to sleep.	3306	J'ai des fourmis dans le pied.
I slept like a log *or* soundly.	3307	J'ai dormi à poings fermés.
I slept in.	3308	J'ai fait la grasse matinée.
I feel sleepy.	3309	J'ai sommeil.
To a slight extent	3310	Quelque peu
Not in the slightest.	3311	Pas le moins du monde.
It was a slip of the tongue.	3312	Ma langue a fourché.
It slipped through my fingers.	3313	Cela m'a échappé des doigts.
Your name has slipped my memory.	3314	Votre nom m'échappe.
He's a slippery customer.	3315	On ne sait par où le prendre.
He's no slouch.	3316	Il n'est pas empoté.
Slow and steady wins the race.	3317	Qui trop se hâte reste en chemin.
My watch is five minutes slow.	3318	Ma montre retarde de cinq minutes.
It is small wonder that	3319	Ce n'est guère étonnant que
That's a small matter.	3320	C'est une bagatelle.
I felt very small.	3321	Je n'étais pas fier.
He'll make you smart for it.	3322	Il vous le fera payer cher.
That's smart work.	3323	Vous allez vite en besogne.
He's too smart for me.	3324	Il est trop malin pour moi.
You do look smart!	3325	Comme vous voilà beau!
His breath smells.	3326	Il a mauvaise haleine.
She was all smiles.	3327	Elle était toute souriante.
His conscience is smiting him.	3328	Il est frappé de remords.
Do you mind my smoking?	3329	La fumée ne vous gêne pas?
Things are not going smoothly.	3330	Ça ne va pas tout seul.
I'm going to have a snack.	3331	Je vais casser la croûte.

There's the snag.	3332	Voilà le hic.
I don't care a snap.	3333	Je m'en soucie comme d'une guigne.
Put some snap into it!	3334	Un peu d'énergie!
Don't snap my head off!	3335	Vous n'allez me manger le nez!
Make it snappy!	3336	Et plus vite que ça!
I overheard snatches of conversation.	3337	J'ai surpris des bribes de conversation.
I must snatch a few hours' sleep.	3338	Il me faut dérober quelques heures de sommeil.
I have a sneaking regard for him.	3339	J'ai un penchant caché pour lui.
He stifled a sneeze.	3340	Il a réprimé une envie d'éternuer.
That's not to be sneezed at.	3341	Il ne faut pas cracher dessus.
The offer is not to be sniffed at.	3342	L'offre n'est pas à dédaigner.
He's a snob.	3343	C'est un snob.
He was snooping around.	3344	Il se fourrait le nez partout.
I'm going to have a snooze.	3345	Je vais faire un petit somme.
He snores like a pig.	3346	Il ronfle comme un orgue.
He was snorting with rage.	3347	Il étouffait de rage.
We were snowed in.	3348	La neige nous bloquait.
He was really snubbed.	3349	Il a été remis à sa place.
So I heard.	3350	C'est bien ce qu'on m'a dit.
I told you so.	3351	Je vous l'avais bien dit.
So much so, that	3352	A tel point que
Much more so	3353	Bien plus encore
So it is.	3354	C'est juste.
Is that so?	3355	Vraiment?
It is not so.	3356	Il n'en est rien.

So be it!	3357	Soit!
And so am I.	3358	Et moi de même.
So as to	3359	Afin de
So there you are!	3360	Vous voilà donc!
I feel so-so.	3361	Je me porte comme ci comme ça.
A soft answer turneth away wrath.	3362	Une réponse douce apaise la fureur.
He has a soft time of it.	3363	Il se la coule douce.
He's as solemn as a judge.	3364	Il est sérieux comme un pape.
That takes some time.	3365	Cela prend pas mal de temps.
He thinks he's somebody.	3366	Il se croit quelqu'un.
We'll manage it somehow.	3367	Tant bien que mal nous y parviendrons.
It is somewhat difficult.	3368	C'est assez difficile.
Somewhere else	3369	Ailleurs
I bought it for a mere song.	3370	Je l'ai acheté pour rien.
How soon may I expect you?	3371	Quand devrai-je vous attendre?
How soon can you be ready?	3372	Dans combien de temps serez-vous prêt?
Too soon	3373	Trop tôt
As soon as I arrived	3374	Dès mon arrivée
As soon as possible	3375	Le plus tôt possible
The sooner the better.	3376	Le plus tôt sera le mieux.
No sooner said than done.	3377	Sitôt dit, sitôt fait.
I am sopping wet.	3378	Je suis tout trempé.
I'm sore all over.	3379	Je suis tout endolori.
To my sorrow	3380	A mon regret
You will be sorry for it.	3381	Il vous en cuira.
I'm sorry for that.	3382	Cela me fait de la peine.

Sorry to have kept you.	3383	Pardon de vous avoir retenu.
Awfully sorry!	3384	Mille fois pardon!
I am sorry for him.	3385	Je le plains.
You look sorry for yourself.	3386	Vous avez l'air piteux.
What sort of car have you got?	3387	Quelle marque d'auto avez-vous?
What sort of man is he?	3388	Comment est-il?
That's the sort of man he is.	3389	Voilà comme il est.
Something of the sort	3390	Quelque chose dans ce genre
Nothing of the sort	3391	Rien de semblable
What sort of day is it?	3392	Quel temps fait-il?
We had some coffee of sorts.	3393	On nous a donné du soi-disant café.
I don't like the sound of it.	3394	Cela ne me dit rien qui vaille.
How does that sound to you?	3395	Quelle impression cela vous fait-il?
I'm as sound as a bell.	3396	Je suis en parfaite santé.
His arguments are sound.	3397	Ses arguments se tiennent.
I'm in the soup.	3398	Je suis dans le pétrin.
He's a sourpuss.	3399	C'est un pisse-vinaigre.
He calls a spade a spade.	3400	Il appelle les choses par leur nom.
He spared no pains.	3401	Il n'a pas ménagé sa peine.
We have a spare room.	3402	Nous avons une chambre d'ami.
He spared no expense.	3403	Il ne ménageait pas son argent.
Can you spare it?	3404	Pouvez-vous vous en passer?
I have nothing to spare.	3405	Je n'ai que le strict nécessaire.

I have enough and to spare.	3406	J'en ai plus qu'il n'en faut.
I have no time to spare.	3407	Je n'ai pas de temps libre.
You haven't a moment to spare.	3408	Vous n'avez pas un moment de trop.
Speak for yourself.	3409	Cela vous plaît à dire.
I speak French well enough to get along.	3410	Je parle français assez bien pour me tirer d'affaire.
Speaking for myself	3411	Pour ma part
Whitaker speaking. (*telephone*)	3412	Ici Whitaker.
He didn't speak a word.	3413	Il n'a pas dit mot.
She spoke her mind.	3414	Elle a dit sa pensée.
That is already spoken for.	3415	C'est déjà réservé.
Speak out!	3416	Plus fort!
We are on speaking terms.	3417	Nous nous connaissons assez pour nous parler.
We are no longer on speaking terms.	3418	Nous ne nous parlons plus.
I have nothing special to tell you.	3419	Je n'ai rien de particulier à vous dire.
That's my specialty.	3420	Ça c'est mon fort.
Unless otherwise specified	3421	Sauf indication contraire
What a specimen!	3422	Quel type!
It was a magnificent spectacle.	3423	C'était un coup d'œil superbe.
She is the subject of much speculation.	3424	Elle donne lieu à bien des conjectures.
I bought it on spec.	3425	Je l'ai acheté à tout hasard.
He has lost the power of speech.	3426	Il a perdu la parole.
She was speechless with fright.	3427	Elle était muette d'épouvante.

With all possible speed	3428	Au plus vite
Full speed ahead!	3429	En avant à toute vitesse!
He can't spell.	3430	Il ne sait pas l'orthographe.
How do you spell it?	3431	Comment cela s'écrit-il?
That would spell disaster.	3432	Ce serait le désastre.
There was a long spell of cold weather.	3433	Il y avait une longue période de froid.
Without spending a penny	3434	Sans bourse délier
How do you spend your time?	3435	Comment employez-vous votre temps?
That does not come within my sphere.	3436	Cela n'est pas de mon domaine.
I spiked his guns.	3437	Je lui ai damé le pion.
Come on, spill it!	3438	Mais accouchez donc!
My head is spinning.	3439	La tête me tourne.
I'll be with you in spirit.	3440	Ma pensée vous accompagnera.
She entered into the spirit of the thing.	3441	Elle est entrée de bon cœur dans la partie.
He has spirit.	3442	Il a de l'allant.
He is full of spirits. (a child)	3443	Il est très diable.
Spit it out!	3444	Crachez le morceau!
He's the spitting image of his father.	3445	C'est son père tout craché.
It's spitting. (rain)	3446	Il crachine.
He has a spite against me.	3447	Il m'en veut.
You little spitfire!	3448	Petite rageuse!
She made a splash.	3449	Elle a fait sensation.
That's splendid!	3450	A la bonne heure!
I'm getting on splendidly.	3451	Ça marche comme sur des roulettes.

They get on splendidly.	3452	Ils s'accordent le mieux du monde.
My head is splitting.	3453	J'ai un mal de tête fou.
You are making my head split.	3454	Vous me fendez la tête.
Don't spoil the fun.	3455	Il ne faut pas les empêcher de s'amuser.
He spoiled the joke.	3456	Il a enlevé tout le sel de la plaisanterie.
He spoiled things right from the beginning.	3457	Dès le début il a gâché les choses.
He was sponging on them.	3458	Il vivait à leurs crochets.
Now, be a sport!	3459	Voyons, soyez chic!
It was very sporting of him to . . .	3460	C'était très chic de sa part de . . .
I'll make you a sporting offer.	3461	Je vais vous faire une offre qui vous mettra sur le velours.
You are no sportsman.	3462	Vous n'avez pas l'esprit sportif.
I was standing on the very spot.	3463	Je me trouvais sur les lieux mêmes.
He found my weak spot.	3464	Il a trouvé le défaut dans ma cuirasse.
Just a spot. (*liquor*)	3465	Deux doigts.
The fire was spreading.	3466	Le feu gagnait.
The rumour was spreading.	3467	Le bruit se répandait.
We went out on a spree!	3468	Nous nous en sommes donnés!
He is as sprightly as a two-year-old.	3469	Il a des jambes de vingt ans.
Spring is in the air.	3470	On respire le printemps dans l'air.
Where did you spring from?	3471	D'où sortez-vous?
Hope springs eternal.	3472	L'espérance reste toujours vivace.

You are springing a surprise on us.	**3473**	Vous nous prenez à l'imprévu.
A sprinkling of knowledge	**3474**	Quelques connaissances
He was all spruced up.	**3475**	Il était sur son trente et un.
He has plenty of spunk.	**3476**	Il a du cran.
They have no spunk.	**3477**	Ils manquent de cran.
She did it on the spur of the moment.	**3478**	Elle l'a fait sous l'inspiration du moment.
Look out for squalls!	**3479**	Veillez au grain!
He squanders his money.	**3480**	Il jette son argent par la fenêtre.
Get things squared away.	**3481**	Arrangez les choses.
We are square (*quits*).	**3482**	Nous somme quittes.
It makes me feel squeamish.	**3483**	Cela me donne mal au cœur.
Don't be so squeamish.	**3484**	Ne faites pas tant de façons.
It was a tight squeeze.	**3485**	On tenait tout juste.
Squeeze up!	**3486**	Serrez-vous!
Let's have a squint at it.	**3487**	Faites voir.
Take a squint at that.	**3488**	Pigez-moi ça.
That's shutting the stable door after the horse is stolen.	**3489**	Après la mort le médecin.
At this stage	**3490**	A ce point
We are travelling by easy stages.	**3491**	Nous voyageons à petites étapes.
In a stage whisper.	**3492**	En aparté.
I'd stake my life on it.	**3493**	J'en donnerai ma tête à couper.
He stalked out of the room.	**3494**	Il est sorti de la pièce d'un air digne.
Stamp the snow from your feet.	**3495**	Secouez la neige de vos pieds.
There was a general stampede.	**3496**	Ça a été un sauve-qui-peut général.

He took a firm stand.	3497	Il s'est campé sur ses jambes.
I could hardly stand.	3498	Je pouvais à peine me tenir.
He stands on his own legs.	3499	Il vole de ses propres ailes.
I didn't leave him a leg to stand on.	3500	Je lui ai rivé son clou.
He hasn't a leg to stand on.	3501	Il est entièrement dans son tort.
I bought the house as it stands.	3502	J'ai acheté la maison telle quelle.
Nothing stands between you and success.	3503	Rien ne s'oppose à votre succès.
I stood and looked at him.	3504	Je suis resté à le regarder.
Don't stand there arguing!	3505	Ne restez pas là à discuter!
I kissed her where she stood.	3506	Je l'ai embrassée tout de go.
We stand or fall together.	3507	Nous sommes solidaires.
You stand to lose a hundred dollars.	3508	Vous risquez de perdre cent dollars.
You stand to lose nothing.	3509	Vous n'avez rien à perdre.
He was born with a silver spoon in his mouth.	3510	Il est né coiffé.
The house does not stand in her name.	3511	La maison n'est pas enregistrée à son nom.
As matters stand	3512	Au point où en sont les choses
I don't know where I stand.	3513	J'ignore quelle est ma position.
This is how I stand.	3514	Voici ma position.
I'll stand here.	3515	Je me tiendrai ici.
Let the tea stand a bit.	3516	Laissez infuser le thé un moment.
She can't stand him.	3517	Elle ne peut le souffrir.
I won't stand such conduct.	3518	Je ne supporterai une pareille conduite.
I can't stand it any longer.	3519	Je n'y tiens plus.
I stand by what I said.	3520	J'en tiens pour ce que j'ai dit.

He has a stand-in with her.	3521	Ils sont d'accord.
He was left standing.	3522	On l'a planté là.
He's a friend of long standing.	3523	C'est un ami de longue date.
Standing room only	3524	Debout seulement
Up to standard	3525	Conforme à l'échantillon
It's of a standard size.	3526	C'est de taille courante.
One of his standard jokes	3527	Une de ses plaisanteries classiques
He is stand-offish.	3528	Il se tient sur son quant-à-soi.
Things have come to a standstill.	3529	Les choses n'avancent plus.
She's not used to being stared at.	3530	Elle n'est.pas accoutumée à ce qu'on la dévisage.
It's staring you in the face.	3531	Ça vous saute aux yeux.
I awoke with a start.	3532	Je me suis réveillé en sursaut.
We are making an early start.	3533	Nous commençons de bonne heure.
At the start	3534	Au début
He had a good start in life.	3535	Il a bien débuté dans la vie.
And to start with	3536	Et tout d'abord
The engine won't start.	3537	Le moteur refuse de démarrer.
You started it.	3538	C'est vous qui avez levé le lièvre.
It's just started raining.	3539	Voilà qu'il commence à pleuvoir.
Once you start him talking	3540	Quand on le met à causer
You are an early starter.	3541	Vous partez de bonne heure.
She was quite startled.	3542	Elle est restée toute saisie.
I'm starving.	3543	Je meurs de faim.
You look starved to death.	3544	Vous avez l'air tout affamé.
Here's a nice state of things!	3545	Nous voilà bien!
What a state you are in!	3546	Dans quel état vous êtes!

We dined in state.	3547	Nous faisions un diner de grand gala.
Please state below	3548	Veuillez spécifier ci-dessous
As stated above	3549	Ainsi qu'il est dit plus haut
Stay here till I return.	3550	Restez ici jusqu'à ce que je revienne.
Stay there.	3551	Tenez-vous là.
Won't you stay to lunch?	3552	Restez donc à déjeuner.
Shall I stay with you?	3553	Voulez-vous de ma compagnie?
That stood him in good stead.	3554	Cela lui était fort utile.
Steady! or Stand still!	3555	Ne bougez pas!
That's a bit steep.	3556	Ça c'est un peu fort.
I'm steering clear of him.	3557	Je l'évite.
What steps have been taken?	3558	Quelles mesures a-t-on adoptées?
I shall take no steps until	3559	Je m'abstiendrai de toutes démarches jusqu'à ce que
Step this way.	3560	Venez par ici.
Step lively!	3561	Dégrouillez-vous!
He stepped on the gas.	3562	Il a mis tous les gaz.
You should sterilize the needle.	3563	On doit flamber l'aiguille.
She is in a stew.	3564	Elle est sur des charbons ardents.
What a stew!	3565	Quelle chaleur ici!
Stick it in your pocket.	3566	Fourrez-le dans votre poche.
How long can you stick it?	3567	Combien de temps pouvez-vous tenir?
The envelope will not stick.	3568	L'enveloppe ne veut pas se coller.
The stamp won't stick.	3569	Le timbre ne tient pas.
The name stuck to him.	3570	Ce nom lui en est resté.

He has stuck to me.	3571	Il m'est resté fidèle.
Stick tight!	3572	Cramponnez-vous!
Stick to it!	3573	Ne lâchez pas!
He stuck to his guns.	3574	Il n'en a pas démordu.
I stick to what I said.	3575	J'en suis pour ce que j'ai dit.
He's an old stick-in-the-mud.	3576	C'est un empoté.
It sticks out a mile.	3577	Ça saute aux yeux.
Stick 'em up!	3578	Haut les mains!
There's nothing stuck-up about him.	3579	Il n'est pas prétentieux pour deux sous.
She's a stickler for etiquette.	3580	Elle est à cheval sur l'étiquette.
He has sticky fingers. (*money*)	3581	Il a de la poix aux mains.
I have a stiff leg.	3582	J'ai la jambe raide.
He's as stiff as a poker.	3583	Il est raide comme un piquet.
The handle is stiff.	3584	La poignée est dure.
Pour me a stiff one.	3585	Versez-moi quelque chose de fort.
You're a big stiff!	3586	Vous êtes un grand nigaud!
I feel stifled.	3587	J'éprouve une sensation d'étouffement.
She stifled a yawn.	3588	Elle a étouffé un bâillement.
It's stifling in here.	3589	On étouffe ici.
My heart stood still.	3590	Mon cœur a cessé de battre.
The still small voice	3591	La voix de la conscience
I still have to thank you.	3592	Il me reste à vous remercier.
Nothing stings like the truth.	3593	Il n'y a que la vérité qui offense.
We were stung.	3594	On nous a salés.
Don't be so stingy with the sugar.	3595	Ne soyez pas si chiche de sucre.

You stink of garlic.	3596	Vous puez l'ail.
He's a stinker.	3597	C'est un individu qui pue.
The only stipulation I make is	3598	La seule condition que je pose c'est que
I will not stir a foot.	3599	Je ne bougerai pas d'ici.
A stitch in time saves nine.	3600	Un point à temps en épargne cent.
He comes of good stock.	3601	Il descend d'une bonne famille.
I have laid in a good stock of	3602	J'ai fait une provision de
He stood stock still.	3603	Il est resté cloué sur place.
She was in her stocking feet.	3604	Elle n'était chaussée que de ses bas.
It makes my stomach rise.	3605	Cela me donne des nausées.
I have a stomach-ache.	3606	J'ai mal au ventre.
I can't stomach it any longer.	3607	J'en ai plein le dos.
He left no stone unturned to	3608	Il n'a rien négligé pour
It's only a stone's throw away.	3609	Il n'y a qu'un saut d'ici.
I'm stony broke	3610	Je n'ai pas un radis.
He's a man who would stoop to anything.	3611	C'est un homme prêt à toutes les bassesses.
You would not stoop to that.	3612	Vous ne vous abaisseriez pas jusque-là.
I shall put a stop to it.	3613	J'y mettrai bon ordre.
Stop thief!	3614	Au voleur!
Nothing will stop him.	3615	Rien ne l'arrêtera.
What is stopping you?	3616	Quel obstacle vous arrête?
It ought to be stopped.	3617	Il faudrait y mettre fin.
She never stops talking.	3618	Elle parle sans cesse.
Stop that noise!	3619	Assez de vacarme!
Stop it!	3620	Assez!
Stop joking!	3621	Assez de blagues!

All cars stop here.	**3622**	Arrêt fixe.
How long do we stop at	**3623**	Combien d'arrêt à
He never stops to think.	**3624**	Il ne prend jamais le temps de réfléchir.
I have a surprise in store for you.	**3625**	Je vous ménage une surprise.
It is stormy.	**3626**	Le temps est à l'orage.
As the story goes	**3627**	A ce que dit l'histoire
That's quite another story *or* thing.	**3628**	Ça c'est une autre paire de manches.
Your tie isn't straight.	**3629**	Votre cravate est de travers.
Keep straight on.	**3630**	Continuez tout droit.
I shall come straight back.	**3631**	Je ne ferai qu'aller et venir.
Come straight to the point.	**3632**	Allez droit au fait.
Straight off	**3633**	Sur-le champ
She looked him straight in the face.	**3634**	Elle l'a regardé dans le blanc des yeux.
I expect things will straighten out.	**3635**	Je pense que ça se tassera.
I have strained my eyes.	**3636**	Je me suis fatigué les yeux.
These glasses strain my eyes.	**3637**	Ces lunettes m'abîment les yeux.
He is straining his voice.	**3638**	Il force la voix.
I strained my back.	**3639**	Je me suis donné un tour de reins.
Do you have a tea-strainer?	**3640**	Avez-vous un passe-thé?
She is in straitened circumstances.	**3641**	Elle est dans la gêne.
He was stranded.	**3642**	On l'a laisse en plan.
It is a strange thing.	**3643**	C'est une chose curieuse.
It is strange that he has not arrived yet.	**3644**	Il est singulier qu'il ne soit pas encore arrivé.
You are quite a stranger.	**3645**	Vous devenez rare comme les beaux jours.

I'm strapped.	3646	Je suis sans le sou.
It's the last straw that breaks the camel's back.	3647	C'est la dernière goutte qui fait déborder le vase.
It's the last straw!	3648	C'est le comble!
That would be the last straw.	3649	Ça serait complet.
You are straying from the point.	3650	Vous sortez du sujet.
I've had a streak of luck.	3651	Je tiens le filon.
The man in the street	3652	Monsieur tout-le-monde
You must keep up your strength.	3653	Il vous faut garder vos forces.
On the strength of	3654	Sur la foi de
He stressed the point that	3655	Il a fait valoir que
By a stretch of the imagination	3656	Par un effort d'imagination
I'm going to stretch my legs.	3657	Je vais me dégourdir les jambes.
He was stretching the truth.	3658	Il outrepassait les bornes de la vérité.
My means will not stretch to that.	3659	Mes moyens ne vont pas jusque-là.
In the strictest sense of the word	3660	Au sens précis du mot
In the strictest confidence	3661	A titre tout à fait confidentiel
I gave strict orders.	3662	J'ai donné des ordres formels.
She is very strict with him.	3663	Elle est bien sévère avec lui.
Strictly speaking	3664	A proprement parler
He is making great strides.	3665	Il fait de grands progrès.
She took it in her stride.	3666	Elle l'a fait sans le moindre effort.
Without striking a blow	3667	Sans coup férir
That struck home.	3668	Ça a frappé juste.
Strike while the iron is hot.	3669	Il faut chauffer l'affaire.

We have struck a bargain.	3670	Nous avons fait un marché.
These matches won't strike.	3671	Ces allumettes ne prennent pas.
Strike me dead if	3672	Du diable si
The thought strikes me that	3673	L'idée me vient que
How does she strike you?	3674	Quelle impression vous a-t-elle faite?
He strikes me as sincere.	3675	Il me paraît sincère.
It strikes me that	3676	Il me semble que
Did it never strike you that	3677	Ne vous est-il jamais venu à l'esprit que
What struck me was	3678	Ce qui m'a frappé, c'est
He is striking out for himself.	3679	Il vole de ses propres ailes.
I struck up an acquaintance with her.	3680	J'ai lié connaissance avec elle.
She is keeping him on a string.	3681	Elle le tient le bec dans l'eau.
He is pulling every string.	3682	Il fait jouer tous les ressorts.
He was striving for effect.	3683	Il poussait à l'effet.
He has not done a stroke of work.	3684	Il n'a rien fiché.
I'm going for a stroll.	3685	Je vais faire un tour.
He is not very strong.	3686	Il est peu robuste.
I am still far from strong.	3687	Je suis encore peu solide.
Politeness is not his strong point.	3688	La politesse n'est pas son fort.
He is strong against	3689	Il est tout à fait opposé à
The wind is getting stronger.	3690	Le vent renforce.
He's going strong.	3691	Il est toujours solide au poste.
Going strong?	3692	Ça marche?
He struggled to his feet.	3693	Il réussit à se relever.
He was strutting about.	3694	Il se pavanait.

I stubbed my toe against	3695	Je me suis cogné le pied contre
You are as stubborn as a mule.	3696	Vous êtes têtu comme un mulet.
He studiously avoided	3697	Il s'étudiait à éviter
He is studying hard.	3698	Il travaille ferme.
He thinks he's big stuff.	3699	Il se croit le premier moutardier du pape.
There's good stuff in him.	3700	Il a de l'étouffe.
Come on, do your stuff.	3701	Allons, montrez-nous ce que vous savez faire.
That's the stuff!	3702	C'est du bon!
Nothing whatever	3703	Rien de rien
Stuff and nonsense!	3704	C'est de la bêtise!
He's stuffy.	3705	Il est collet-monté.
He's a stuffed shirt.	3706	C'est un poseur.
My nose is stuffed up.	3707	Mon nez est bouché.
That took the stuffing out of him.	3708	Ça l'a dégonflé.
It's a bit stuffy in here.	3709	Cela manque d'air ici.
Stir your stumps!	3710	Remuez-vous!
That fairly stumped me.	3711	Sur le coup je n'ai su que répondre.
That's a good stunt.	3712	Ça c'est une bonne idée.
I did a stupid thing.	3713	J'ai fait une boulette.
Don't be stupid!	3714	Ne faites pas la bête!
How stupid of me!	3715	Que je suis bête!
A stupid question deserves a stupid answer.	3716	A sotte demande point de réponse.
The style they live in	3717	Le train qu'ils mènent
He lives in great style.	3718	Il mène grand train.
Let's do things in style.	3719	Il faut bien faire les choses.

That's the style!	**3720**	C'est cela!
That's not my style.	**3721**	Ce n'est pas mon genre.
She has style.	**3722**	Elle a du chic.
It looks more stylish.	**3723**	Ça a plus de cachet.
Their conversation was subdued.	**3724**	Leur causerie était discrète.
He is wandering from the subject.	**3725**	Il sort de la question.
Let's return to the subject.	**3726**	Revenons à nos moutons.
Let's change the subject.	**3727**	Parlons d'autre chose.
He was subjected to much criticism.	**3728**	Il était en butte à de nombreuses critiques.
That's going from the sublime to the ridiculous.	**3729**	Ça c'est passer du sublime au terre à terre.
I submit that	**3730**	Je représente que
I can't subscribe to that.	**3731**	Je ne peux pas consentir à cela.
He's a man of substance.	**3732**	C'est un homme qui a de quoi.
I eat a substantial breakfast.	**3733**	Je déjeune à la fourchette.
He has succeeded through pull.	**3734**	Il est arrivé à coups de piston.
Nothing succeeds like success.	**3735**	Rien ne réussit comme le succès.
How to succeed	**3736**	Le moyen de parvenir
I wish you success.	**3737**	Bonne chance!
It was entirely successful.	**3738**	Il a remporté un succès complet.
Such being the case	**3739**	Cela étant
Such things are rare.	**3740**	De telles choses sont rares.
In such a case	**3741**	En pareil cas
On such an occasion	**3742**	En semblable occasion
Why do you ask such a question?	**3743**	Pourquoi poser une question semblable?

Did you ever see such a thing?	**3744**	A-t-on jamais vu chose pareille?
There is no such thing.	**3745**	Cela n'existe pas.
Do no such thing!	**3746**	N'en faites rien!
I said no such thing.	**3747**	Je n'ai rien dit de la sorte.
No such thing!	**3748**	Il n'en est rien!
Such is not the case.	**3749**	Il n'en est pas ainsi.
In such a way that	**3750**	De telle sorte que
Until such a time as	**3751**	Jusqu'à ce que
Don't be in such a hurry.	**3752**	Ne soyez pas si pressé.
This is so sudden!	**3753**	Vous me prenez au dépourvu!
If I eat lobster I'm sure to suffer.	**3754**	Si je mange du homard j'en pâtirai à coup sûr.
You will suffer *or* sweat for it.	**3755**	Il vous en cuira.
Your word will suffice.	**3756**	Votre parole suffit.
Suffice it to say that	**3757**	Qu'il nous suffise de dire que
Is my word not sufficient?	**3758**	N'est-ce pas assez de ma parole?
Have you had sufficient?	**3759**	Avez-vous mangé à votre faim?
I have sufficient.	**3760**	Cela me suffit.
He is full of suggestions.	**3761**	Il est fécond en idées.
It conveys the suggestion that	**3762**	Cela donne l'idée que
That will suit you.	**3763**	Voilà qui fera sans doute votre affaire.
This is my best suit.	**3764**	Voici mon costume du dimanche.
He led from his longest suit.	**3765**	Il a attaqué dans sa longue.
Politeness is not his longest suit.	**3766**	La politesse n'est pas son fort.
The others followed suit.	**3767**	Pourquoi poser une question semblable?

They are well suited to each other.	3768	Ils sont faits l'un pour l'autre.
The house does not suit me.	3769	La maison n'est pas à ma convenance.
I have not yet found a job to suit me.	3770	Je n'ai pas encore trouvé chaussure à mon pied.
That suits me best.	3771	C'est ce qui m'arrange le mieux.
I have something that would suit.	3772	J'ai quelque chose qui ferait l'affaire.
I am not easily suited.	3773	Je suis difficile à satisfaire.
That just suits me.	3774	Ça me va à merveille.
Would that suit you?	3775	Cela ferait-il votre affaire?
Wherever you think suitable	3776	Où bon vous semblera
I summoned up my courage.	3777	J'ai fait appel à tout mon courage.
I got a touch of the sun.	3778	J'ai pris un coup de soleil.
Supply and demand	3779	L'offre et la demande
He got no support.	3780	Il n'a trouvé aucun appui.
He is without means of support.	3781	Il est sans ressources.
He has a wife to support.	3782	Il a une femme à nourrir.
Suppose you were in my place.	3783	Mettez-vous à ma place.
Supposing that is the case	3784	Supposons que cela soit ainsi
I don't suppose you know me.	3785	Vous ne me reconnaissez pas sans doute.
I am not supposed to do it.	3786	Je ne suis pas censé le faire.
Why should I make such a supposition?	3787	Pourquoi irai-je supposer cela?
He suppressed his feelings.	3788	Il s'est contenu.
Don't be too sure!	3789	Ne vous y fiez pas!
You can be sure of it.	3790	Fiez-vous y.

I'm sure of what I am saying.	3791	Je suis sûr de mon fait.
I am sure of it.	3792	J'en suis convaincu.
I'm not so sure of that.	3793	Je ne sais trop.
You're sure that's mine?	3794	C'est bien à moi ça?
To-morrow for sure.	3795	Demain sans faute.
Be sure to come early.	3796	Ne manquez pas d'arriver de bonne heure.
To be sure! (*yes*)	3797	Mais oui!
Sure enough!	3798	Sans doute!
Surely you don't believe that!	3799	Vous ne croyez pas cela, voyons!
He's as surly as a bear.	3800	C'est un vrai ours.
I surmised as much.	3801	Je m'en doutais bien.
Surprising as it seems	3802	Pour si surprenant que cela puisse paraître
He took me by surprise.	3803	Il m'a pris à l'improviste.
What a pleasant surprise!	3804	Quelle bonne surprise!
I am surprised to see you.	3805	Je m'étonne de vous voir.
I'm surprised at you!	3806	Vous m'étonnez!
That is surprising, coming from you.	3807	Cela surprend de votre part.
The survival of the fittest	3808	La survivance des mieux adaptés
He will survive us all.	3809	Il nous enterrera tous.
I suspected as much.	3810	Je m'en doutais.
I never suspected it for a moment.	3811	Je n'en avais pas le moindre soupçon.
Not the ghost *or* shadow of a suspicion.	3812	Pas l'ombre d'un soupçon.
He's a suspicious character.	3813	C'est un individu louche.
He'll swallow anything.	3814	Il gobe tout.
That story is hard to swallow.	3815	C'est une histoire invraisemblable.

That's hard to swallow.	3816	Ça c'est un peu raide.
He swears like a trooper.	3817	Il jure comme un charretier.
I've sworn off bridge.	3818	J'ai renoncé au bridge.
I swear to it.	3819	Je lève la main *ou* je le jure.
I would swear to it.	3820	J'en mettrais la main au feu.
They are sworn friends.	3821	Entre eux c'est à la vie à la mort.
I was all of a sweat.	3822	J'étais tout en nage.
He's an old sweat.	3823	C'est un vieux troupier.
It was a clean sweep.	3824	C'a été la rafle totale.
He was swept out of sight.	3825	Il a été emporté hors de vue.
She swept him off his feet.	3826	Elle l'a transporté.
She swept into the room.	3827	Elle est entrée dans la salle avec un port de reine.
I have a sweet tooth.	3828	J'aime les sucreries.
It doesn't smell exactly sweet.	3829	Ça ne sent pas la rose.
Revenge is sweet.	3830	La vengeance est douce.
She is perfectly sweet.	3831	Elle est gentille à croquer.
Isn't she sweet!	3832	Comme elle est mignonne!
That's very sweet of you.	3833	C'est bien gentil à vous.
You look very swell!	3834	Comme vous voilà beau!
He's a swell guy.	3835	C'est un chic type.
His arm is swelling up.	3836	Son bras enfle.
His heart swelled with pride.	3837	Son cœur se gonflait.
He's got a swelled head.	3838	Il s'en fait accroire.
She's always in the swim.	3839	Elle est toujours à la page.
He swims with the tide.	3840	Il se range à l'opinion générale.
I can't swim a stroke.	3841	Je nage comme un chien de plomb.
Everything is going swimmingly.	3842	Tout va comme sur des roulettes.

I'm not easily swindled.	3843	Je ne me laisse pas duper.
He's a swine.	3844	C'est un salaud.
That song has a swing.	3845	Cette chanson est très rythmée.
Everything went with a swing.	3846	Tout a très bien marché.
When you have got into the swing of things.	3847	Quand vous serez au courant.
The car swung right around.	3848	La voiture a fait un tête-à-queue.
Please switch off the light.	3849	Veuillez éteindre.
Switch off the ignition.	3850	Coupez l'allumage.
At one fell swoop	3851	D'un seul coup
I sympathize with your opinion.	3852	Je partage votre point de vue.
I sympathize with your feelings.	3853	Je m'associe à vos sentiments.
Accept my deep sympathy.	3854	Agréez mes condoléances.
I know you are in sympathy with them.	3855	Je sais que vous êtes de leur côté.
That suits me to a T.	3856	Cela me va à merveille.
I'm keeping tabs on you.	3857	Je ne vous perds pas de vue.
Please set the table.	3858	Veuillez mettre le couvert.
Table laid for nine	3859	Table de neuf couverts
Please clear the table.	3860	Veuillez desservir.
She kept the whole table amused.	3861	Elle faisait rire tous les convives.
He turned the tables on me.	3862	Il m'a renvoyé la balle.
That's taboo.	3863	C'est une chose qui ne se fait pas.
Let's get down to brass tacks.	3864	Parlons peu et parlons bien.
I don't know how to tackle it.	3865	Je ne sais pas comment m'y prendre.

I'm going to tackle the job myself.	3866	Je vais m'atteler moi-même à cette besogne.
He must be handled with tact.	3867	Il faut prendre des gants pour l'approcher.
He's lacking in tact.	3868	Il manque de savoir-faire.
I'm wearing tails tonight.	3869	Je vais mettre ma queue-de-morue ce soir.
Heads or tails!	3870	Pile ou face!
Taken from a reliable source	3871	Obtenu de sources dignes de foi
Excuse me, but haven't you taken the wrong hat?	3872	Pardon monsieur, est-ce que vous ne vous êtes pas trompé de chapeau?
Here's a five dollar bill, take it out of that.	3873	Voici un billet de cinq dollars, payez-vous.
Take your hands out of your pockets.	3874	Ôtez les mains de vos poches.
She took my arm.	3875	Elle m'a pris le bras.
May I take this opportunity of thanking you.	3876	Je saisis cette occasion pour vous remercier.
Go to the devil!	3877	Que le diable vous emporte!
What takes my fancy is that	3878	Ce qui m'attire c'est que
He was much taken with the idea.	3879	L'idée lui souriait beaucoup.
I was not taken with him.	3880	Il ne m'a pas plu.
I took the wrong road.	3881	Je me suis trompé de chemin.
I took the first trick. (*cards*)	3882	J'ai fait la première levée.
I'm not taking any!	3883	Je ne marche pas!
I'm going to take a nap.	3884	Je vais faire un petit somme.
What will you take for it? (*price*)	3885	Combien voulez-vous?
Taking all in all	3886	A tout prendre
We must take things as we find them.	3887	Il faut accepter les choses telles quelles.

You can take it from me that	3888	Je suis à même de vous affirmer que
Take it from me!	3889	Croyez-m'en!
I took him the wrong way.	3890	Je l'ai mal compris.
I don't know how to take him.	3891	Je ne sais jamais comment il faut prendre ce qu'il dit.
I wonder how he will take it.	3892	Je me demande quelle tête il fera.
He can't take it.	3893	Il n'est pas capable de tenir le coup.
I took a dislike to him.	3894	Je l'ai pris en aversion.
I take it that	3895	Je suppose que
As I take it	3896	Selon moi
I had taken you for an Englishman.	3897	Je vous croyais anglais.
What do you take me for?	3898	Pour qui me prenez-vous?
That will take some explaining.	3899	Voilà qui va demander des explications.
It won't take long.	3900	Ce sera tôt fait.
How long does it take to	3901	Combien de temps faut-il pour
It took me two years to do it.	3902	J'ai mis deux ans à le faire.
It takes a clever man to do it.	3903	Bien habile qui peut le faire.
I take size ten shoes.	3904	Je chausse du dix.
Whatever took him there?	3905	Qu'allait-il faire dans cette galère?
She takes after her mother.	3906	Elle tient de sa mère.
I take back what I said.	3907	Je retire ce que j'ai dit.
I'll take him down a peg.	3908	Je vais lui faire mettre de l'eau dans son vin.
He took in everything at a glance.	3909	Il a tout embrassé d'un coup d'œil.

He takes it all in. (*believes*)	3910	Il prend tout ça pour argent comptant.
He's not a man to be taken in.	3911	On ne la lui fait pas.
I'm not to be taken in!	3912	Ça ne mord pas!
He took it into his head to	3913	Il s'est mis dans la tête de
He never took his eyes off us.	3914	Ses yeux ne nous quittaient pas.
I'll take your bet.	3915	J'accepte votre pari.
Don't take on so!	3916	Ne vous désolez pas comme ça!
I'll take it out of his hide.	3917	J'aurai sa peau.
He's going to take me out to dinner.	3918	Il va m'emmener dîner.
I took to him at once.	3919	Il m'a été sympathique tout de suite.
I didn't take to him.	3920	Il ne me revenait pas.
You take up too much room.	3921	Vous occupez trop de place.
I've heard that tale before!	3922	Je connais la chanson!
He is all talk.	3923	Ce n'est qu'un bavard.
They had a long talk.	3924	Ils ont causé longuement.
It is the talk of the town.	3925	C'est la fable de la ville.
That's no way to talk.	3926	En voilà un langage.
He likes to hear himself talk.	3927	Il s'écoute parler.
You're talking through your hat.	3928	Vous parlez pour ne rien dire.
I'm not talking about you.	3929	Il ne s'agit pas de vous.
What are you talking about?	3930	De quoi parlez-vous?
He knows what he's talking about.	3931	Il s'y connaît.
Talk about luck!	3932	Vous parlez d'une chance!
Who do you think you are talking to?	3933	A qui croyez-vous donc parler?

I'll talk to him!	**3934**	Je vais lui en dire long!
People will talk.	**3935**	Cela fera scandale.
You'll get talked about.	**3936**	Vous ferez parler de vous.
Let's talk it over.	**3937**	Discutons la chose.
No talking, please!	**3938**	Silence, S.V.P.!
She is very talkative.	**3939**	Elle a la langue bien pendue.
How tall are you?	**3940**	Combien mesurez-vous?
He is six feet tall.	**3941**	Il mesure six pieds.
That's a tall story.	**3942**	Celle-là est dure à avaler.
That is tantamount to saying that	**3943**	C'est comme si l'on disait que
He went into a tantrum.	**3944**	Il est sorti de ses gonds.
There was a tap at the door.	**3945**	On a frappé doucement à la porte.
He took me to task.	**3946**	Il m'a pris à partie.
Give me just a taste of cheese.	**3947**	Donnez-moi un rien de fromage.
You'll get a taste of it soon.	**3948**	Vous en tâterez sous peu.
It's a matter of taste.	**3949**	C'est affaire de goût.
Everyone to his taste.	**3950**	A chacun son goût.
Free of tax.	**3951**	Exempt d'impôts.
Now everything is taxed.	**3952**	Maintenant tout se taxe.
That will teach him!	**3953**	Ça lui apprendra!
I'll teach you to speak to me like that!	**3954**	Je vous apprendrai à me parler de la sorte!
She burst into tears.	**3955**	Elle a fondu en larmes.
That's torn it.	**3956**	Il ne manquait plus que ça.
You are wanted on the telephone.	**3957**	On vous demande au téléphone.
We are told that	**3958**	On nous informe que
I tell you no!	**3959**	Je vous dit que non!

It's just as I told you.	3960	C'est tout comme je vous l'ai dit.
Don't let me have to tell you that again.	3961	Tenez-vous cela pour dit.
I told you so.	3962	Je vous l'avais bien dit.
Tell me something about yourself.	3963	Parlez-moi un peu de vous.
You're telling me!	3964	A qui le dites-vous!
Don't tell me!	3965	Il ne faut pas m'en conter!
I'll tell the world!	3966	Je suis complètement d'accord.
He will do as he's told.	3967	Il marchera.
I told him not to.	3968	Je le lui ai défendu.
You can't tell her from her sister.	3969	Elle ressemble à sa sœur à s'y tromper.
Who can tell?	3970	Qui sait?
You never can tell.	3971	On ne sait jamais.
How can I tell?	3972	Qu'est-ce que j'en sais?
All told	3973	Somme toute
It will tell against you.	3974	Cela vous nuira.
That's telling!	3975	Ça c'est mon affaire!
There is no telling.	3976	On ne sait pas.
I lost my temper.	3977	Je me suis mis en colère.
He is good-tempered.	3978	Il a bon caractère.
He is bad-tempered.	3979	Il a le caractère mal fait.
I was tempted to	3980	J'étais tenté de
An increasing tendency	3981	Une tendance de plus en plus marquée
Don't keep me on tenterhooks.	3982	Ne me faites pas languir.
I'll take it on your own terms.	3983	Je le prends à vos conditions.
Make you own terms.	3984	Faites vos conditions vous-même.

We came to terms.	**3985**	Nous nous sommes arrangés.
Not on any terms	**3986**	A aucun prix
We are on the best of terms.	**3987**	Nous sommes au mieux ensemble.
I told him what I thought of him in no uncertain terms.	**3988**	Je lui ai dit son fait.
He's a little terror.	**3989**	C'est un enfant terrible.
I was put to the test.	**3990**	On m'a mis à l'épreuve.
Driving test	**3991**	Examen pour permis de conduire
I'm at the end of my tether.	**3992**	Je suis à bout de forces.
Thanks very much.	**3993**	Merci mille fois.
No thanks are needed.	**3994**	Il n'y a pas de quoi.
That's all the thanks I get!	**3995**	Voilà comme on me remercie!
No, thank you.	**3996**	Merci.
Yes, thank you	**3997**	Oui, merci *ou* s'il vous plait
I wouldn't thank you for it.	**3998**	Je n'en donnerais pas quatre sous.
I'll thank you to mind your own business!	**3999**	Occupez-vous de ce qui vous regarde!
You have only yourself to thank for it.	**4000**	C'est à vous seul qu'il faut vous en prendre.
That's a thankless task.	**4001**	C'est une tâche ingrate.
Who is that?	**4002**	Qui est-ce?
Come out of that!	**4003**	Hors de là!
Have things come to that?	**4004**	Les choses en sont-elles arrivées là?
That's right.	**4005**	Ça y est.
That's all.	**4006**	Voilà tout.
And that's that!	**4007**	Et voilà!
Neither of them	**4008**	Ni l'un ni l'autre
None of them	**4009**	Aucun d'eux

There and then	**4010**	Sur-le-champ
What then?	**4011**	Et puis?
Till then	**4012**	Jusqu'alors
Between now and then	**4013**	D'ici là
That's a plan which is all right in theory.	**4014**	C'est un projet qui est beau sur le papier.
I have been there.	**4015**	J'ai passé par là.
He's all there.	**4016**	Il sait son affaire.
He's not all there.	**4017**	Il a perdu le nord.
There she comes!	**4018**	La voilà qui vient!
There isn't any.	**4019**	Il n'y en a pas.
There comes a time when	**4020**	Il arrive un moment où
There you've got me.	**4021**	Ça, ça me dépasse.
If I were they	**4022**	Si j'étais à leur place
He has a thick skin.	**4023**	Il est peu sensible.
I have a thick head. (*after drinking*)	**4024**	J'ai mal aux cheveux.
That's a bit thick.	**4025**	Ça c'est une peu fort.
Set a thief to catch a thief.	**4026**	A voleur, voleur et demi.
There is honour among thieves.	**4027**	Les loups ne se mangent pas entre eux.
He's as thin as a rake.	**4028**	Il est maigre comme un clou.
That's a bit thin.	**4029**	C'est peu convaincant.
Of all things to do!	**4030**	Comme si vous ne pouviez pas faire autre chose!
Let's leave things as they are.	**4031**	Laissons les choses telles quelles.
I've heard great things about you.	**4032**	On m'a beaucoup vanté vos mérites.
She is all things to all men.	**4033**	Elle est tout à tous.
That's the very thing.	**4034**	Cela fait juste l'affaire.

That was a silly thing to do.	4035	C'était faire une bêtise.
How could you do such a thing?	4036	Comment avez-vous pu faire une chose pareille?
The thing is this.	4037	Voici ce dont il s'agit.
How are things?	4038	Comment ça va?
I am thinking out loud.	4039	Je pense tout haut.
Think before you speak.	4040	Pesez vos paroles.
Think again.	4041	Vous n'y êtes pas.
Who'd have thought it?	4042	Qui l'aurait dit?
I think she is pretty.	4043	Je la trouve jolie.
It is thought that	4044	On suppose que
I should think so!	4045	Je crois bien!
I thought so.	4046	Je m'y attendais.
I can't think of your name.	4047	Votre nom ne me revient pas.
I can't think of the right word.	4048	Le mot propre m'échappe.
The best thing I can think of.	4049	Ce que je vois de mieux.
What am I thinking about!	4050	Où ai-je la tête!
I wouldn't think of it!	4051	C'est impossible!
I will think it over.	4052	J'y réfléchirai.
On thinking it over	4053	A y bien regarder
That is my way of thinking.	4054	Voilà ma façon de penser.
It was like this.	4055	Voici comment les choses se sont passées.
He's a thorough scoundrel.	4056	C'est un coquin achevé.
She's a real thoroughbred.	4057	Elle est très racée.
Strange though it may seem	4058	Si étrange que cela paraisse
Did he though!	4059	Vraiment!
Have you ever given it a thought?	4060	Y avez-vous pensé un instant?
Her thoughts were wandering.	4061	Son esprit était ailleurs.

On second thought	**4062**	Toute réflexion faite
He is thoughtful of others.	**4063**	Il est plein d'égards pour les autres.
He's a man in a thousand.	**4064**	C'est un homme entre mille.
A storm is threatening.	**4065**	La tempête s'annonce.
It gave me quite a thrill.	**4066**	Ça m'a fait quelque chose.
The news thrilled us.	**4067**	La nouvelle nous a fait battre le cœur.
He thrives on it.	**4068**	Il s'en trouve bien.
He is cutting his own throat.	**4069**	Il se perd lui-même.
I was clearing my throat.	**4070**	Je m'éclaircissais le gosier.
It brings a lump to my throat.	**4071**	J'en ai la gorge serrée.
My finger is throbbing.	**4072**	Le doigt m'élance.
He is the real power behind the throne.	**4073**	C'est lui l'Éminence grise.
I am on my way through London.	**4074**	Je suis de passage à Londres.
He's been through it.	**4075**	Il en a vu de dures.
He talks through his nose.	**4076**	Il parle du nez.
All through his life	**4077**	Sa vie durant
Through and through	**4078**	De bout en bout
I'm through with you.	**4079**	C'est fini entre nous.
She threw him a kiss.	**4080**	Elle lui a envoyé un baiser.
He was thrown on his own resources.	**4081**	Il n'avait plus à compter que sur lui-même.
I am throwing a little party to-night.	**4082**	Je donne une petite fête intime ce soir.
He threw away a good chance.	**4083**	Il a laissé passer une occasion.
He is throwing his life away.	**4084**	Il se sacrifie inutilement.
That was a thrust *or* poke at you.	**4085**	C'était une pierre dans votre jardin.

It was a shrewd thrust.	**4086**	C'était un trait qui frappait juste.
His fingers are all thumbs.	**4087**	Il est maladroit des ses mains.
She's got him right under her thumb.	**4088**	Elle le mène à la baguette.
Thumbs up!	**4089**	Chic alors! *ou* Chouette alors!
He thumbed his nose at me.	**4090**	Il m'a fait un pied de nez.
My heart was thumping.	**4091**	Mon cœur battait fort.
He stole my thunder.	**4092**	Il m'a coupé mon effet.
I was thunderstruck.	**4093**	J'en suis tombé des nues.
Thus far	**4094**	Jusqu'ici
He ticked off my name.	**4095**	Il a coché mon nom.
I'm as full as a tick.	**4096**	Je suis plein comme un œuf.
There's something wrong with my ticker.	**4097**	C'est le cœur qui ne va pas.
That's the ticket!	**4098**	A la bonne heure!
That tickles my fancy.	**4099**	Ça m'amuse.
I was tickled to death at the news.	**4100**	Cette nouvelle m'a transporté de joie.
My hand tickles.	**4101**	J'ai des chatouillements à la main.
That's a ticklish subject.	**4102**	C'est un sujet délicat.
I'm in a ticklish position.	**4103**	Je me trouve dans une situation délicate.
Time and tide wait for no man.	**4104**	La marée n'attend personne.
This sum will tide us over.	**4105**	Cette somme nous permettra de surmonter nos difficultés.
He is very tidy.	**4106**	Il a beaucoup d'ordre.
I'm going to tidy myself up.	**4107**	Je vais faire un bout de toilette.
I'm going to tidy things up.	**4108**	Je vais tout remettre à sa place.

Tidy up your things.	4109	Serrez vos effets.
It's a white tie affair.	4110	C'est une soirée de cérémonie.
My hands are tied.	4111	On m'a enlevé toute liberté d'action.
My coat is tight under the arms.	4112	Mon habit me gêne aux entournures.
My shoes are too tight.	4113	Mes souliers me gênent.
I'm in a tight corner.	4114	Je suis en mauvaise passe.
He is tight. (*drinking*)	4115	Il est soûl comme un polonais.
It is a tight fit.	4116	Ça c'est bien ajusté.
I feel a tightness in the chest.	4117	Je suis oppressé.
Not till	4118	Pas avant.
I laughed till I cried.	4119	J'ai ri aux larmes.
Tilt back the seat.	4120	Rabattez le siège.
It was a race against time.	4121	C'était une course contre la montre.
In a short time.	4122	En peu de temps.
He did it in no time.	4123	Il l'a fait en un clin d'œil.
My time is my own.	4124	Je ne suis pas sujet à l'heure.
My time is not my own.	4125	Je suis sujet à l'heure.
I have time on my hands.	4126	J'ai du temps de reste.
I've no time for him.	4127	Il m'embête.
It takes time.	4128	Cela prend du temps.
Time's up!	4129	C'est l'heure!
He is behind the times.	4130	Il n'est pas à la page.
Times are bad.	4131	Les temps sont difficiles.
At the present time	4132	A l'heure qu'il est
At a given time	4133	A un moment donné
Any time you like.	4134	N'importe quand.
If at any time	4135	Si à l'occasion

By the time that I got there	4136	Lorsque je suis arrivé
Now is the time to	4137	Voilà le moment pour
I was just in time to see it.	4138	Je suis arrivé juste à temps pour le voir.
Come in good time.	4139	Ne soyez pas en retard.
It is getting time to start.	4140	Il se fait temps de partir.
And about time, too!	4141	Ce n'est pas trop tôt!
I've had a good time.	4142	Je me suis bien amusé.
He had the time of his life.	4143	Il s'en est donné!
I've never had such a good time.	4144	Jamais je ne me suis si bien amusé.
For weeks at a time	4145	Des semaines durant
At the same time you must not forget.	4146	D'autre part il ne faut pas oublier.
That's a well-timed remark.	4147	C'est à propos.
Your coming was timely.	4148	Vous êtes arrivé à point.
She is an artist to the finger tips.	4149	Elle est artiste jusqu'au bout des ongles.
If you take my tip . . .	4150	Si vous m'en croyez . . .
I'm too tired to stand.	4151	Les jambes me rentrent dans le corps.
She was tired out.	4152	Elle n'en pouvait plus de fatigue.
You make me tired.	4153	Vous m'embêtez.
I'm tired of you.	4154	J'en ai assez.
How tiresome!	4155	Quel ennui!
Tit for tat	4156	A bon chat bon rat
It's only ten to. (*time*)	4157	Il n'est que moins dix.
What is that to you?	4158	Qu'est-ce que cela vous fait?
What a to-do!	4159	Quelle affaire!
There was a great to-do about it.	4160	L'affaire a fait grand bruit.

I'm going to propose a toast.	**4161**	Je vais porter un toast.
A week from today	**4162**	D'aujourd'hui en huit
A week ago today	**4163**	Il y a aujourd'hui huit jours
What is today?	**4164**	C'est quel jour aujourd'hui?
He's here today and gone tomorrow	**4165**	Il est comme l'oiseau sur la branche.
I'd better be getting on.	**4166**	Il faut que je file.
As a token of	**4167**	En signe de
I can't tolerate him.	**4168**	Je ne peux pas le souffrir.
She's a regular tomboy.	**4169**	Elle est très diable.
Tomorrow will be Sunday.	**4170**	C'est demain dimanche.
He has tons of money.	**4171**	Il a un argent fou.
He speaks in a low tone.	**4172**	Il parle d'une voix basse.
I could have bitten my tongue off.	**4173**	J'aurais pu m'en mordre la langue.
The tongue is sharper than the sword.	**4174**	Coup de langue est pire que coup de lance.
That worked like a tonic on him.	**4175**	Ça l'a réconforté.
I have a card too many.	**4176**	J'ai une carte de trop.
He was too much for me.	**4177**	Il était trop fort pour moi.
I'm going to have a tooth out.	**4178**	Je vais me faire arracher une dent.
He went at it tooth and nail.	**4179**	Il y allait de toutes ses forces.
He is on top. (*leads*)	**4180**	Il conduit le jeu.
We are on top.	**4181**	Nous avons le dessus.
On top of it all he wanted	**4182**	Pour comble il a voulu
He shouted at the top of his voice.	**4183**	Il a crié de toute la force de ses poumons.
I've lost the top button off my coat.	**4184**	J'ai perdu le premier bouton de mon veston.

And to top it all	**4185**	Et pour comble
Wonderful!	**4186**	Ça c'est fameux!
It's a favourite topic of mine.	**4187**	C'est un de mes sujets préférés.
Let's toss.	**4188**	Jouons à pile ou face.
Let's toss for sides.	**4189**	Choisissons les camps à pile ou face.
He tosses his money about.	**4190**	Il dépense sans compter.
It's a toss-up.	**4191**	Les chances sont égales.
What is the grand total?	**4192**	Quel est le total global?
It totals up to	**4193**	Il s'élève à
There was a touch of jealousy.	**4194**	Il y avait une pointe de jalousie.
I'll get in touch with you.	**4195**	Je prendrai contact avec vous.
I cannot get in touch with him.	**4196**	Je n'arrive pas à communiquer avec lui.
Keep in touch with me.	**4197**	Ne me perdez pas de vue.
He touched his hat to me.	**4198**	Il m'a salué.
Don't touch!	**4199**	On ne touche pas!
I wouldn't touch it with a ten-foot pole.	**4200**	Je ne le prendrais pas avec des pincettes.
That touches the spot.	**4201**	Ça va à la racine du mal.
He is very touchy.	**4202**	C'est un bâton épineux.
He's very touchy on that point.	**4203**	Il n'entend pas raillerie là-dessus.
He's a tough customer.	**4204**	Il est peu commode.
That's tough!	**4205**	C'est dur pour vous!
All-expense tour	**4206**	Voyage à forfait
His feelings towards me	**4207**	Ses sentiments envers moi
He is a tower of strength.	**4208**	C'est un puissant appui.
He towered above the others.	**4209**	Il dominait les autres par la taille.

He was in a towering rage.	4210	Il était dans une colère bleue.
It's nothing but an April fool!	4211	Cela n'est qu' un poisson d'avril!
He's a man about town.	4212	C'est un mondain.
He is in town.	4213	Il est en ville.
He is out of town.	4214	Il est en voyage.
I am toying with an idea.	4215	Je caresse une idée.
He is merely toying with you.	4216	Il n'est pas sérieux.
We have lost all trace of him.	4217	Nous avons complètement perdu sa trace.
There is no trace of it.	4218	Il n'en reste pas trace.
I'm keeping track of him.	4219	Je ne le perds pas de vue.
I put him on the right track.	4220	Je l'ai mis sur la voie.
He is on the right track.	4221	Il est dans la bonne voie.
He's off the track.	4222	Il a perdu la piste.
Everyone to his trade.	4223	Chacun son métier.
Trade is at a standstill.	4224	Les affaires ne vont pas.
It is traditional to	4225	Il est de tradition de
This road carries a great deal of traffic.	4226	C'est une route avec beaucoup de circulation.
Look out for traffic!	4227	Attention aux voitures!
What a tragedy!	4228	Quel malheur!
The train is in.	4229	Le train est à quai.
I'm out of training.	4230	Je ne suis plus en forme.
This ticket is not transferable.	4231	Ce billet est strictement personnel.
He was caught in his own trap.	4232	Il a été pris à son propre piège.
He was trapped by the flames.	4233	Il était cerné par les flammes.
You are talking a lot of trash.	4234	Vous dites des sottises.

We are fond of travel.	4235	Nous aimons à voyager.
He has travelled widely.	4236	Il a beaucoup voyagé.
My treasure!	4237	Mon bijou!
This is my treat.	4238	C'est moi qui paye.
Who is going to stand treat?	4239	Qui est-ce qui va régaler?
Is that how you treat him?	4240	Est-ce ainsi que vous en agissez avec lui?
I treated him rather roughly.	4241	Je l'ai mené un peu rudement.
I treated it as a joke.	4242	Je l'ai considéré comme une plaisanterie.
He complains of his treatment.	4243	Il se plaint de la manière dont il a été traité.
I'm up a tree.	4244	Je suis dans le pétrin.
She was trembling like a leaf.	4245	Elle tremblait de tous ses membres.
I tremble at the thought of meeting him.	4246	Je tremble de le rencontrer.
I came in fear and trembling.	4247	Je suis venu tout tremblant.
There was a tremendous crowd.	4248	Il y avait un monde fou.
He's a tremendous talker.	4249	Il est furieusement bavard.
The trend of my thoughts	4250	Le cours de mes pensées
Forgive us our trespasses.	4251	Pardonnez-nous nos offenses.
I don't want to trespass on your time.	4252	Je ne veux pas abuser de votre temps.
I bought it on trial.	4253	Je l'ai acheté à l'essai.
That child is a great trial to his parents.	4254	Cet enfant fait le martyre de ses parents.
He and his tribe!	4255	Lui et tout son clan!
They played a trick on me.	4256	Ils m'ont joué un tour.
The tricks of the trade	4257	Les trucs *ou* les ficelles du métier

He knows all the tricks of the trade.	4258	Il connaît le fort et le fin de son art.
He knows a trick or two.	4259	Il en sait plus d'une.
That's a mean trick.	4260	Ça c'est un vilain tour.
You have been up to your old tricks.	4261	Vous avez encore fait des vôtres.
I took the first trick. (*cards*)	4262	J'ai fait la première levée.
I've been tricked.	4263	On m'a joué.
It's a mere trifle.	4264	Il n'y a pas de quoi fouetter un chat.
He's not a man to be trifled with.	4265	On ne joue pas avec lui.
That's a trifling matter.	4266	C'est peu de chose.
It's no trifling matter.	4267	Ce n'est pas une petite affaire.
He pulled the trigger.	4268	Il a pressé la détente.
He is in good trim.	4269	Il est en pleine forme.
I'm going to trim my nails.	4270	Je vais me faire les ongles.
Your manners are a triumph of bad taste.	4271	Vos manières sont un chef-d'œuvre de mauvais goût.
He works like a Trojan.	4272	Il travaille comme un nègre.
He got into trouble.	4273	Il s'est attiré une mauvaise affaire.
His troubles are over.	4274	Les choses vont mieux.
The trouble is that	4275	L'ennui, c'est que
What's the trouble now?	4276	Qu'est-ce qu'il y a encore de cassé?
You will have trouble with him.	4277	Il vous donnera du fil à retordre.
He is looking for trouble.	4278	Il fait tout ce qu'il faut pour s'attirer des ennuis.
He got out of trouble.	4279	Il s'est tiré d'affaire.
He is making trouble.	4280	Il sème la discorde.

He took the trouble to wait.	4281	Il a pris la peine d'attendre.
It is not worth the trouble.	4282	Cela n'en vaut pas la peine.
What is the trouble?	4283	De quoi vous plaignez-vous?
That doesn't trouble him much.	4284	Il s'en soucie fort peu.
Don't let it trouble you.	4285	Que cela ne vous inquiète pas.
You needn't trouble.	4286	Ne vous dérangez pas.
The same holds true with respect to	4287	Il en est de même pour
That is only too true.	4288	Ce n'est que trop vrai.
No one knows it better than yours truly.	4289	Personne ne le sait mieux que votre serviteur.
He is not to be trusted.	4290	On ne peut pas se fier à lui.
I am putting my trust in him.	4291	J'ai confiance en lui.
I can hardly trust my own eyes.	4292	Je ne peux pas en croire mes yeux.
She won't trust him out of her sight.	4293	Elle ne le perd jamais de vue.
I'm going to trust to luck.	4294	Je vais me fier au hasard.
I can't trust my memory.	4295	Je ne peux pas compter sur ma mémoire.
He's my trusty friend.	4296	C'est mon ami fidèle.
The truth of the matter is	4297	Pour dire la vérité
That's the truth of it.	4298	Voilà la vérité.
There is some truth in what you say.	4299	Il y a du vrai dans ce que vous dites.
Truth will out.	4300	Tôt ou tard la vérité se fait jour.
Truth is often stranger than fiction.	4301	Le vrai peut souvent n'être pas vraisemblable.
He was tried and found wanting.	4302	Il n'a pas supporté l'épreuve.

Try your hand at it.	4303	Essayez par vous-même.
Try to do it.	4304	Essayez de le faire.
He tried to persuade me.	4305	Il a cherché à me persuader.
He tried his hardest.	4306	Il a fait tout son possible.
It is worth trying.	4307	Cela vaut la peine d'essayer.
You had better not try.	4308	Ne vous en avisez pas.
I felt a tug at my sleeve.	4309	Je me suis senti tiré par la manche.
I gave the rope a tug.	4310	J'ai tiré sur la corde.
I'm going to tumble into bed.	4311	Je vais tomber dans mon lit.
They were tumbling over themselves.	4312	Ils se bousculaient.
You've tumbled to it!	4313	Vous y êtes!
He's beginning to have a tummy.	4314	Il commence à bâtir sur le devant.
Give us a tune!	4315	Faites-nous un peu de musique!
She called the tune.	4316	Elle a donné la note.
It's all tuned up.	4317	Il est bien au point.
The roast is done to a turn.	4318	Le rôti est cuit à point.
At every turn	4319	A tout moment
Things are taking a turn for the better _or_ worse.	4320	Les affaires prennent meilleure _ou_ mauvaise tournure.
Whose turn is it?	4321	A qui le tour?
It will be my turn some day.	4322	Mon tour viendra un de ces jours.
Turn and turn about.	4323	Chacun son tour.
One good turn deserves another.	4324	Un bon tour en vaut un autre.
He didn't turn a hair.	4325	Il n'a pas bronché.
I don't know which way to turn.	4326	Je ne sais plus sur quel pied danser.

I didn't know to whom to turn.	4327	Je ne savais à qui m'adresser.
Turn off to the left.	4328	Tournez à gauche.
The car turned off the main road.	4329	Le voiture a quitté la grande route.
Shall I turn on the light?	4330	Voulez-vous que j'allume?
Will you turn on my bath?	4331	Veuillez préparer mon bain?
Why do you turn on me?	4332	Pourquoi vous en prendre à moi?
Turn him out!	4333	A la porte!
The whole town turned out to meet him.	4334	Toute la ville est sorti pour aller à sa rencontre.
It turned out badly for him.	4335	Cela lui a mal réussi.
It will turn out all right.	4336	Cela s'arrangera.
I don't know how it will turn out.	4337	Je ne sais pas comment cela finira.
As it turned out	4338	Comme il s'est trouvé
The weather has turned out fine.	4339	Le temps s'est mis au beau.
I haven't time to turn round.	4340	Je n'ai pas le temps de me retourner.
Something is sure to turn up.	4341	Il se présentera sûrement une occasion.
I'm twice your age.	4342	J'ai deux fois votre âge.
He did not think twice.	4343	Il n'a fait ni une ni deux.
He did not have to be asked twice.	4344	Il ne s'est pas fait prier.
She can twist him around her little finger.	4345	Elle peut le mener par le bout du nez.
He twisted his ankle.	4346	Il s'est tordu le pied.
He twisted the meaning of it.	4347	Il en a dénaturé le sens.
He is all twisted up.	4348	Il s'entortille.
His face twitches.	4349	Il a un tic.
He put two and two together.	4350	Il a tiré ses conclusions.

He is a low type.	**4351**	C'est un propre à rien.
That is typical of him.	**4352**	C'est bien de lui.
She is as ugly as sin.	**4353**	Elle est laide comme les sept péchés capitaux.
It was an ugly rumour.	**4354**	C'était un mauvais bruit.
He had an ulterior motive.	**4355**	Il avait un motif caché.
He ultimately married her.	**4356**	Il a fini par l'épouser.
He has umpteen reasons for doing it.	**4357**	Il a trente-six raisons de le faire.
You can't unscramble eggs.	**4358**	On ne peut pas débrouiller les œufs
I am unaccustomed to being kept waiting.	**4359**	Je n'ai pas l'habitude d'attendre.
His reputation is unassailable.	**4360**	Sa réputation est hors d'atteinte.
My absence was unavoidable.	**4361**	Mon absence est due à un cas de force majeure.
I was unaware that	**4362**	J'ignorais que
I am not unaware that	**4363**	Je n'ignore pas que
It is unbearably hot.	**4364**	Il fait une chaleur étouffante.
He came unbeknown to his friends.	**4365**	Il est venu à l'insu de ses amis.
What you have done is uncalled for.	**4366**	Ce que vous avez fait est déplacé.
His memory is uncertain.	**4367**	Sa mémoire vacille.
I am uncertain what to do.	**4368**	J'hésite sur le parti à prendre.
I am uncertain whether	**4369**	Je ne sais pas au juste si
There is some uncertainty regarding	**4370**	L'incertitude règne au sujet de
He's my rich uncle (*figuratively*).	**4371**	C'est mon oncle d'Amérique.
He made things uncomfortable for me.	**4372**	Il m'a suscité des ennuis.

I feel uncomfortable.	4373	Je suis mal à l'aise.
He remained blissfully unconscious of it all.	4374	Il n'y a vu que du bleu.
He is still rather uncouth.	4375	Il sent encore son village.
I'll be back in under ten minutes.	4376	Je serai de retour en moins de dix minutes.
Under the circumstances	4377	En l'occurence
Under our very eyes	4378	Sous nos propres yeux
He's an undersized little fellow.	4379	C'est un petit bout d'homme.
I underbid my hand.	4380	J'ai appelé au-dessous de mes moyens.
There's something underhand going on.	4381	Il se trame quelque chose.
No underhand work!	4382	Pas de cachotteries!
He is undermining his health.	4383	Il s'abîme lentement la santé.
I, the undersigned,	4384	Je, soussigné,
He doesn't understand children.	4385	Il ne comprend rien aux enfants.
No one has ever understood me.	4386	Je suis un incompris.
In order to understand what follows	4387	Pour comprendre ce qui suit
Now I understand.	4388	J'y suis.
You don't understand.	4389	Vous n'y êtes pas.
I'm at a loss to understand.	4390	Je n'y comprends rien.
I can't understand why.	4391	Je ne m'explique pas pourquoi.
That's easily understood.	4392	Cela se comprend facilement.
I understood him to mean	4393	J'ai compris qu'il voulait dire
I understand you say that . . .	4394	Si je vous comprends bien vous voulez dire que . . .
Am I to understand that	4395	Ai-je bien compris que

It must be clearly understood that	**4396**	Il doit être bien entendu que
That is understood.	**4397**	Cela va sans dire.
On the understanding that	**4398**	A condition que
That's a real understatement.	**4399**	C'est une exposé au-dessous de la vérité.
I undertake to do it.	**4400**	Je me charge d'en faire.
It is quite an undertaking.	**4401**	C'est toute une affaire.
It passed undetected.	**4402**	Cela a passé inaperçu.
He was undetermined what to do.	**4403**	Il se demandait ce qu'il devrait faire.
Undismayed by	**4404**	Sans s'effrayer de
We found everything undisturbed.	**4405**	Tout était tel quel.
Give me your undivided attention.	**4406**	Donnez-moi toute votre attention.
What is done cannot be undone.	**4407**	Ce qui est fait est fait.
Drink will be his undoing.	**4408**	La boisson le perdra.
My shoe is undone.	**4409**	Le lacet de mon soulier est défait.
I'm sunk!	**4410**	Je suis perdu!
He is unduly optimistic.	**4411**	Il fait preuve d'un optimisme peu justifié.
You have no cause for uneasiness.	**4412**	Vous pouvez dormir sur les deux oreilles.
I feel uneasy.	**4413**	Je suis mal à mon aise.
I feel unequal to the task.	**4414**	Je me sens au-dessous de la tâche.
You must allow for the unexpected.	**4415**	Vous devez parer à l'imprévu.
He came unexpectedly.	**4416**	Il est arrivé à l'improviste.
This film is unexposed.	**4417**	Ce film est vierge.
That's unfair!	**4418**	Ce n'est pas juste!

It was not unfitting that	**4419**	Il n'était pas mauvais que
How unfortunate!	**4420**	Quel malheur!
I find him unfriendly.	**4421**	Je le trouve mal disposé envers moi.
In an unguarded moment	**4422**	Dans un moment d'inattention
He was unhappy in his choice of words.	**4423**	Il a mal choisi ses mots.
It passed unheeded *or* unnoticed.	**4424**	Cela a passé inaperçu.
His mind is unhinged.	**4425**	Il n'a plus sa raison.
His mind is unimpaired.	**4426**	Il conserve toute sa vigueur d'esprit.
I was unimpressed by his speech.	**4427**	Son discours ne m'a fait aucune impression.
Unity is strength.	**4428**	L'union fait la force.
That was very unkind of him to	**4429**	C'était très mal à lui de
Don't take it unkindly if	**4430**	Ne le prenez pas en mauvaise part si
He did it unknown to me.	**4431**	Il l'a fait à mon insu.
Unless I am mistaken	**4432**	Si je ne me trompe
Unless I hear to the contrary	**4433**	Sauf avis contraire
Not unlike his brother	**4434**	Assez ressemblant à son frère
It is unlike him to do such a thing.	**4435**	Ce n'est pas de lui d'agir ainsi.
That was very unlike him.	**4436**	Je ne le reconnais pas là.
That is most unlikely.	**4437**	C'est très peu probable.
It is not at all unlikely that	**4438**	Il se pourrait bien que
He had an unlimited capacity for liquor.	**4439**	Il aurait bu la mer et ses poissons.
It is unlucky.	**4440**	Ça porte malheur.
She teased him unmercifully.	**4441**	Elle l'a taquiné impitoyablement.

It is unnecessary to say that . . .	4442	Inutile de dire que . . .
It passed unnoticed.	4443	Cela a passé inaperçu.
I found myself under the unpleasant necessity of	4444	Je me suis trouvé dans la necessité fâcheuse de
He made himself unpopular with everybody.	4445	Il s'est fait mal voir de tout le monde.
I was not unprepared for it.	4446	Je m'y attendais.
She was left unprovided for.	4447	Elle a été laissée sans ressources.
He let the remark pass unquestioned.	4448	Il a laissé passer la remarque sans la relever.
Don't be unreasonable!	4449	Soyez raisonnable!
You should have left it unsaid.	4450	Vous auriez mieux fait de vous taire.
That is unspeakable!	4451	Ça n'a pas de nom!
The market is unsteady.	4452	Le marché est agité.
I hope nothing untoward has happened.	4453	Il n'est pas arrivé un malheur j'espère.
He is quite untrained.	4454	Il ne sait encore rien faire.
I am unused to it.	4455	Je n'y suis pas accoutumé.
It is unusual.	4456	Cela se fait peu *ou* c'est rare.
Nothing unusual	4457	Rien d'anormal
It is unwarranted to suppose that	4458	Il n'y aucune raison de penser que
That is unwelcome news.	4459	Ça c'est une nouvelle fâcheuse.
She is unwell.	4460	Elle est indisposée.
I am unwilling to do it.	4461	Je suis peu disposé à le faire.
I shall look it up.	4462	J'irai aux renseignements.
You should have shut up.	4463	Vous avez perdu une belle occasion de vous taire.
From two dollars up	4464	A partir de deux dollars

Business is looking up.	**4465**	Les affaires sont à la hausse.
He is up and about.	**4466**	Il est sur pied.
She is up and coming.	**4467**	Elle est pleine d'allant.
Stand up straight!	**4468**	Tenez-vous droit!
He is up against it.	**4469**	Il a de la déveine.
What's up?	**4470**	Que se passe-t-il?
What's up with you?	**4471**	Qu'est-ce qui vous prend?
It's all up with him.	**4472**	C'en est fait de lui.
I'm up to you.	**4473**	Je vous ai rattrapé.
Up to now	**4474**	Jusqu'ici
Up to then	**4475**	Jusque-là
I don't feel up to it.	**4476**	Je ne m'en sens pas la force.
He is up to something.	**4477**	Il a quelque chose en tête.
It is up to him to	**4478**	C'est à lui de
It's up to you to accept.	**4479**	Il ne tient qu'à vous d'accepter.
We must keep the upper hand.	**4480**	Il nous faut avoir la haute main.
He got the upper hand.	**4481**	Il a pris le dessus.
He's on his uppers.	**4482**	Il est dans la débine *ou* la dèche.
Don't be so uppish about it.	**4483**	Ne le prenez pas de si haut.
The town is in an uproar.	**4484**	La ville est en tumulte.
That upset everything.	**4485**	Ça a tout bouleversé.
He is easily upset.	**4486**	La moindre chose le bouleverse.
Don't upset yourself.	**4487**	Ne vous laissez pas émouvoir.
Beer upsets me.	**4488**	La bière ne me va pas.
He is quite upset about it.	**4489**	Il en est malade.
What will be the upshot of it?	**4490**	À quoi cela aboutira-t-il?
She turned everything upside down.	**4491**	Elle a tout mis sens dessus dessous.

He is quick on the uptake.	4492	Il saisit vite.
I urged that . . .	4493	J'ai fait valoir que . . .
I urged on him the necessity of doing it.	4494	J'ai insisté auprès de lui sur la nécessité de le faire.
It is most urgent that	4495	Il y a grande urgence à ce que
At their urgent request	4496	Sur leurs instances pressantes
Don't be too urgent.	4497	N'insistez pas trop.
A doctor is urgently required.	4498	On demande instamment un médecin.
That concerns us alone.	4499	Cela ne regarde que nous.
Please make use of me.	4500	Je vous prie de vous servir de moi.
I put it to good use.	4501	J'en ai fait un bon emploi.
It is a word in everyday use.	4502	C'est un mot d'usage courant.
Out of use	4503	Hors de service
I'd like to have the use of it.	4504	Je voudrais pouvoir en disposer.
Can I be of any use to you?	4505	Puis-je vous être utile à quelque chose?
I have no further use for it.	4506	Je n'en ai plus besoin.
He is no use.	4507	C'est une non-valeur.
I haven't much use for that man.	4508	Cet homme-là ne me dit rien.
I've no use for him.	4509	Je ne peux pas le voir.
It's no use discussing the question.	4510	Rien ne sert de discuter le sujet.
It's no use my talking.	4511	Je perds ma peine à parler.
It's no use your being angry.	4512	Ça ne vous avancera pas de vous fâcher.
What's the use of making plans?	4513	A quoi sert de faire des projets?
It was no use.	4514	Rien n'y faisait.
Use your eyes!	4515	Ouvrez vos yeux!

You may use my name.	4516	Vous pouvez vous réclamer de moi.
I have used every means.	4517	J'ai employé toutes sortes de moyens.
It's all used up.	4518	Il m'en reste plus.
I used to do it.	4519	J'avais l'habitude de le faire.
Things aren't what they used to be.	4520	Ce n'est plus comme autrefois.
I am not used to it.	4521	Je n'en ai pas l'habitude.
It will come in very useful.	4522	Cela sera d'une grande utilité.
I feel useless.	4523	Je me sens de trop.
It is quite usual.	4524	Cela se fait couramment.
Earlier or later than usual	4525	Plus tôt ou tard que d'habitude
As usual	4526	Comme d'habitude
He was more than usually polite.	4527	Il s'est montré encore plus poli que d'habitude.
It is of the utmost importance that	4528	Il est de toute importance que
To the utmost	4529	Au maximum
I did my utmost to	4530	J'ai fait tout mon possible pour
I have two vacancies to fill in my office.	4531	J'ai à suppléer à deux vacances dans mes bureaux.
I have to be vaccinated.	4532	Il faut me faire vacciner.
Will you run the vacuum cleaner over the room?	4533	Veuillez passer la pièce à l'aspirateur.
I'm sick of his vagaries.	4534	J'en ai assez de ses fantaisies.
I haven't the vaguest idea.	4535	Je n'en ai pas la moindre idée.
You shouldn't be so vague in your statements.	4536	Il faut préciser vos affirmations.

You will try in vain.	4537	Vous aurez beau essayer.
This ticket is valid for six months.	4538	Ce billet est bon pour six mois.
That's of little value.	4539	Ça vaut peu de chose.
I had good value for my money.	4540	J'en avais pour mon argent.
He has a sense of values.	4541	Il a le sentiment des valeurs.
He vanished in the crowd.	4542	Il s'est perdu dans la foule.
I did it for a variety of reasons.	4543	Je l'ai fait pour des raisons diverses.
We talked about various things.	4544	Nous parlions de choses et d'autres.
For various reasons	4545	Pour plusieurs raisons
This type has never varied.	4546	Ce type ne s'est jamais modifié.
He is making up for lost time with a vengeance.	4547	Il rattrape le temps perdu, pas d'erreur!
It is raining with a vengeance.	4548	Voilà qui s'appelle pleuvoir.
He gave full vent to his anger.	4549	Il a donné libre cours à sa colère.
I answered without thinking.	4550	J'ai répondu au petit bonheur.
Don't venture to	4551	Ne vous avisez pas de
I will venture to say that . . .	4552	J'ose dire que . . .
She was on the verge of bursting into tears.	4553	Elle était sur le point de fondre en larmes.
That's quite a different version.	4554	Voilà un tout autre son de cloche.
You are the very man I wanted to see.	4555	Vous êtes justement l'homme que je voulais voir.
The very man we want.	4556	L'homme de la situation.
Come here this very minute!	4557	Venez ici à l'instant!
At the very beginning	4558	Tout au commencement
The very first	4559	Le tout premier

The very last	**4560**	Le tout dernier
At the very most *or* least	**4561**	Tout au plus *ou* moins
In the vicinity of	**4562**	A proximité de
It was hidden from view.	**4563**	Il était caché aux regards.
What a lovely view!	**4564**	Quel beau coup d'œil!
You will get a better view from here.	**4565**	Vous verrez mieux d'ici.
He took the right view of things.	**4566**	Il a vu juste.
What are your views on the matter?	**4567**	Comment envisagez-vous la question?
In my view	**4568**	A mon avis
In view of these facts	**4569**	En présence de ces faits
I have nothing particular in view this evening.	**4570**	Je n'ai rien en vue pour ce soir.
With this in view	**4571**	A cette fin
It is vile weather.	**4572**	C'est un sale temps.
He's in a vile temper.	**4573**	Il est d'une humeur exécrable.
Put some vim into it!	**4574**	Activez!
She was in a violent temper.	**4575**	Elle était furieuse.
Virtue is its own reward.	**4576**	La vertu trouve sa récompense en elle-même.
He is a man of vision.	**4577**	C'est un homme d'une grande pénétration.
She has a vivid imagination.	**4578**	Elle a l'imagination vive.
He likes to hear his own voice.	**4579**	Il aime à s'entendre parler.
He voiced the general feeling.	**4580**	Il a exprimé le sentiment général.
I have an aching void.	**4581**	J'ai l'estomac dans les talons.
Her look spoke volumes.	**4582**	Sa mine disait beaucoup.
It speaks volumes for him.	**4583**	Cela en dit long en sa faveur.

He volunteered some information.	**4584**	Il a donné spontanément des renseignements.
He has a voracious appetite.	**4585**	Il a un appétit de loup.
The question was put to the vote.	**4586**	La question a été mise aux voix.
Take the vote.	**4587**	Procédez au scrutin.
Let us vote by a show of hands	**4588**	Votons à main levée
I vote that we go.	**4589**	Je propose que nous y allions.
I can vouch for it.	**4590**	Je m'en porte garant.
He vouchsafed no reply.	**4591**	Il n'a pas daigné répondre.
That's a vulgar display of wealth.	**4592**	C'est un luxe de mauvais goût.
That is his vulnerable spot.	**4593**	C'est son talon d'Achille.
He waded into me.	**4594**	Il m'a attaqué.
His tongue certainly wags.	**4595**	Il a la langue bien déliée.
That set the tongues wagging.	**4596**	Ça a fait jaser les gens.
I'll take that bet.	**4597**	J'accepte votre gageure.
I'll bet . . .	**4598**	Je parie que . . .
I'm on the waggon.	**4599**	J'ai renoncé à boire.
She has a small waist.	**4600**	Elle a la taille fine.
I put my arm round her waist.	**4601**	Je l'ai prise par la taille.
His waistline is expanding.	**4602**	Il prend de l'embonpoint.
There is a ten-minute wait at the next station.	**4603**	Il y a un arrêt de dix minutes à la prochaine gare.
He is keeping us waiting.	**4604**	Il nous fait attendre.
What are you waiting for?	**4605**	Qu'attendez-vous?
We are waiting to be served.	**4606**	Nous attendons qu'on nous serve.
He did not wait to be told twice.	**4607**	Il ne se l'est pas fait dire deux fois.
Repairs while you wait.	**4608**	Réparations à la minute.

Everything comes to him who waits.	4609	Tout vient à point à qui sait attendre.
Wait and see.	4610	Il faudra voir.
She waits on him hand and foot.	4611	Elle est aux petits soins auprès de lui.
You will lose nothing by waiting.	4612	Vous ne perdrez rien à attendre.
Wake up!	4613	Éveillez-vous!
I woke up with a start.	4614	Je me suis réveillé en sursaut.
Wake me at six.	4615	Réveillez-moi à six heures.
It was a noise fit to waken the dead.	4616	C'était un bruit à réveiller les morts.
It is half an hour's walk from here.	4617	C'est à une demi-heure de marche d'ici.
It's only a short walk.	4618	Ce n'est qu'une promenade.
I'm going to walk the dog.	4619	Je vais sortir le chien.
He won in a walk.	4620	Il a gagné dans un fauteuil.
I walk in my sleep.	4621	Je suis somnambule.
Walk a little way with me.	4622	Faites-moi un bout de conduite.
But you won't walk back?	4623	Mais vous n'allez pas rentrer à pied?
He was walking up and down.	4624	Il se promenait de long en large.
He's a great walker.	4625	C'est un fervent de la marche.
I'm not the walker I used to be.	4626	Je n'ai plus mes jambes de quinze ans.
You might as well talk to a brick wall.	4627	Autant vaut parler à un sourd.
He was wandering aimlessly.	4628	Il allait le nez au vent.
You are wandering from the point.	4629	Vous vous écartez du sujet.
My thoughts were wandering.	4630	Je n'étais pas à la conversation.

He wants for nothing.	**4631**	Il ne manque de rien.
I want you.	**4632**	J'ai besoin de vous.
Have you everything you want?	**4633**	Avez-vous tout ce qu'il vous faut?
I've had all I want.	**4634**	J'en ai assez.
That's the very thing I want.	**4635**	Voilà tout juste, ce qu'il me faut.
You don't want much!	**4636**	Vous n'êtes pas dégoûté!
You are wanted.	**4637**	On vous demande.
What does he want with me?	**4638**	Que me veut-il?
I don't want it known.	**4639**	Je ne veux pas que cela se sache.
You look as if you had been in the wars.	**4640**	Vous avez l'air de vous être battu.
She is on the war-path.	**4641**	Elle est d'une humeur de chien.
I am too warm.	**4642**	J'ai trop chaud.
The argument was getting warm.	**4643**	La discussion s'animait.
It is warm work.	**4644**	C'est une rude besogne.
That'll warm the cockles of your heart.	**4645**	Voilà qui vous réchauffera le cœur.
You have been warned!	**4646**	Vous voilà prévenu!
I give you fair warning!	**4647**	Vous voilà averti!
Let this be a warning to you.	**4648**	Que cela vous serve de leçon.
There was no warrant for doing that.	**4649**	Ils n'avaient pas de justification pour faire ce qu'ils ont fait.
I guarantee it won't happen again.	**4650**	Cela n'arrivera pas deux fois je vous en réponds.
We shall have to be wary.	**4651**	Nous devrons être sur nos gardes.
I must have a wash.	**4652**	Il faut que je me passer les mains sous le robinet.
I'm going to have a wash and brush up.	**4653**	Je vais faire un brin de toilette.

The mistakes will all come out in the wash.	4654	Les erreurs seront relevées au fur et à mesure.
I want to wash my face *or* hands.	4655	Je veux me laver la figure *ou* les mains.
That story won't wash!	4656	Ça ne prend pas!
I washed down my dinner with a whisky.	4657	J'ai arrosé mon dîner d'un whisky.
It will wash off.	4658	Ça partira au lavage.
You can wash that right out.	4659	Il ne faut pas compter là-dessus.
That investment is a wash-out!	4660	C'est une perte sèche!
The play was a wash-out.	4661	La pièce a fait fiasco.
He's a wash-out.	4662	C'est un raté.
Who does your washing?	4663	Qui fait votre blanchissage?
She takes in washing.	4664	Elle prend du blanchissage chez elle.
It is a waste of time.	4665	C'est une perte de temps
Let's have no waste!	4666	Pas de gaspillage!
Wilful waste makes woeful want.	4667	Après le gaspillage la misère.
Nothing is wasted.	4668	Rien ne se perd.
Don't waste anything.	4669	Il ne faut rien laisser perdre.
I have no time to waste.	4670	Je n'ai pas de temps à perdre.
Waste not, want not.	4671	Qui épargne gagne.
Be on the watch.	4672	Ouvrez l'œil.
He is keeping a close watch on it.	4673	Il le surveille de près.
It is six by my watch.	4674	Il est six heures à ma montre.
A watched pot never boils.	4675	Plus on désire une chose, plus elle se fait attendre.
We are being watched.	4676	On nous observe.
Watch your step!	4677	Prenez garde de tomber.

She needs watching.	4678	Il faut la surveiller.
He's a man who wants watching.	4679	C'est un homme à surveiller.
He threw cold water on the scheme.	4680	Il a découragé le projet.
You can lead a horse to water but you can't make him drink.	4681	On ne saurait faire boire un âne qui n'a pas soif.
Turn on the water.	4682	Ouvrez le robinet.
Turn off the water.	4683	Fermez le robinet.
He can't keep his head above water.	4684	Il n'arrive pas à subvenir à ses besoins.
He is in deep water.	4685	Il fait de mauvaises affaires.
He's a liar of the first water.	4686	C'est un menteur de la plus belle eau.
My right eye is watering.	4687	Mon œil droit pleure.
There's something wrong with my waterworks.	4688	J'ai les voies urinaires que ne fonctionnent pas bien.
I'm going to get a wave (*hair*).	4689	Je vais me faire onduler.
She waved to me.	4690	Elle m'a salué de la main.
I waved him to stop.	4691	Je lui ai fait signe de s'arrêter.
He waved us on *or* back.	4692	De la main il nous a fait signe d'avancer *ou* de reculer.
By the way	4693	A propos
The way of the transgressor is hard.	4694	La voie des perfides est rude.
By way of precedent	4695	A titre de précédent
Will you show me the way to the station?	4696	Veuillez m'indiquer le chemin de la gare.
I asked my way.	4697	J'ai demandé mon chemin.
I lost my way.	4698	Je me suis perdu.
On the way, I met him.	4699	Chemin faisant, je l'ai rencontré.

He goes his own way.	**4700**	Il fait à sa guise.
Let him go his own way.	**4701**	Qu'il s'arrange comme il voudra.
Can you find your way out?	**4702**	Vous savez le chemin pour sortir?
He always paid his way.	**4703**	Il s'est toujours suffi.
He gets in my way. (*physically*)	**4704**	Il se met dans mes jambes.
Am I in your way? (*figuratively*)	**4705**	Est-ce que je vous gêne?
Is my chair in your way?	**4706**	Est-ce que ma chaise vous incommode?
Get out of the way!	**4707**	Mettez les voiles!
Keep out of the way.	**4708**	Tenez-vous à l'écart.
I'll do anything that comes my way.	**4709**	Je suis prêt à entreprendre n'importe quel travail.
I have come a long way.	**4710**	J'ai fait une longue traite.
It's a long way from here.	**4711**	C'est loin d'ici.
I have a long way to go.	**4712**	J'ai beaucoup de chemin à faire.
He will go a long way.	**4713**	Il fera son chemin.
Not by a long way	**4714**	Pas à beaucoup près.
Is this the way?	**4715**	C'est par ici?
Which way did he go?	**4716**	Par où est-il passé?
I am going your way.	**4717**	Je vais de votre côté.
In a friendly way	**4718**	En ami
That's the way.	**4719**	Ça y est *ou* c'est ça.
There are no two ways about it.	**4720**	Il n'y a pas à discuter.
It isn't what he says, but the way he says it.	**4721**	Ce n'est pas ce qu'il dit, mais le ton dont il le dit.
That's his way.	**4722**	Voilà comme il est.
He has a way with children.	**4723**	Il sait se faire bien voir des enfants.

She gets her own way.	4724	Elle agit à sa guise.
Have it your own way.	4725	Faites à votre guise.
He's in a bad way.	4726	Il est dans de mauvais draps.
He is weak in the head.	4727	Il est faible d'esprit.
I have weak eyes.	4728	J'ai la vue faible.
I feel as weak as a cat.	4729	Je me sens mou comme une chiffe.
It stands the wear and tear.	4730	Il résiste à l'usure.
She was wearing black.	4731	Elle portait du noir.
What shall I wear?	4732	Qu'est-ce que je vais mettre?
That will wear for years.	4733	Cela durera des années.
The weather looks fine.	4734	La journée s'annonce bien.
He's a wet blanket.	4735	Il est triste comme un bonnet de nuit.
As the evening wore on	4736	A mesure que la soirée s'avançait
I am worn out.	4737	Je suis épuisé.
It is the thin edge of the wedge.	4738	C'est un pied de pris.
Week in, week out.	4739	D'un bout de la semaine à l'autre.
I haven't seen him for weeks.	4740	Voilà des semaines que je ne l'ai vu.
Brand new	4741	Tout battant neuf
In a week or so	4742	Dans une huitaine
On weekdays	4743	En semaine
That's nothing to weep over.	4744	Ce n'est pas une raison pour pleurer.
I must weigh the pros and cons.	4745	Je dois peser le pour et le contre.
I'm going to weigh myself.	4746	Je vais me peser.
How much does the parcel weigh?	4747	Combien pèse le paquet?

It's worth its weight in gold.	**4748**	Cela vaut son pesant d'or.
I am losing weight.	**4749**	Je perds du poids *ou* je maigris.
I am gaining weight.	**4750**	Je prends du poids *ou* je grossis.
He throws his weight around.	**4751**	Il se démène.
He's not pulling his weight.	**4752**	Il ne fait pas sa part.
You are as welcome as the flowers in May.	**4753**	Vous arrivez comme marée en carême.
Welcome to our home.	**4754**	Soyez le bienvenu chez nous.
It was a welcome change.	**4755**	C'était un changement agréable.
You're welcome to it.	**4756**	Je ne vous l'envie pas.
You're quite welcome.	**4757**	Il n'y a pas de quoi.
They gave me a cold welcome.	**4758**	On m'a fait grise mine.
We gave him a warm welcome.	**4759**	Nous lui avons fait bon accueil.
Do as well as you can.	**4760**	Faites de votre mieux.
You would do well to be quiet.	**4761**	Le mieux serait de vous taire.
It speaks well for	**4762**	Cela fait honneur à
You are well out of it.	**4763**	Soyez heureux d'en être quitte.
It's well worth trying for.	**4764**	Cela vaut bien la peine d'essayer.
I want some as well.	**4765**	Il m'en faut également.
Well, I never!	**4766**	Pas possible!
She is quite well again.	**4767**	La voilà remise.
All's well that ends well.	**4768**	Tout est bien qui finit bien.
That's all very well, but	**4769**	Tout cela est bel et bon, mais
It's all very well for you to say that . . .	**4770**	Libre à vous de dire que . . .
You seem well informed on the subject.	**4771**	Vous paraissez bien savant sur ce chapitre.
He is well off.	**4772**	Il est à son aise.

You don't know when you're well off.	4773	Vous ne savez pas quand vous êtes bien.
What right has he to give orders?	4774	De quel droit donne-t-il des ordres?
What good is this?	4775	A quoi cela est-il bon?
What's new?	4776	Quoi de nouveau?
What day of the month is it?	4777	Le combien sommes-nous?
What a fool he is!	4778	Qu'il est bête!
What a reason to give!	4779	Quelle raison!
What I object to is	4780	Ce à quoi je m'oppose, c'est
Come what may	4781	Advienne que pourra
What with one thing and another	4782	Tant avec une chose qu'avec une autre
What is happening?	4783	Que se passe-t-il?
What is that to you?	4784	Qu'est-ce que cela vous fait?
What's the use?	4785	A quoi bon?
What is the French for "dog"?	4786	Comment dit-on dog en français?
What do you take me for?	4787	Pour qui me prenez-vous?
What's it all about?	4788	De quoi s'agit-il?
What is that for?	4789	A quoi sert cela?
What did you say?	4790	Plaît-il?
I don't know what to do.	4791	Je ne sais que faire.
He knows what's what.	4792	Il connaît son monde.
I'll show you what's what!	4793	On verra de quel bois je me chauffe!
Whatever you like	4794	Tout ce qui vous plaira
Whatever it may be	4795	Quoi que ce soit
None whatever	4796	Pas un seul
There are wheels within wheels.	4797	C'est une affaire compliquée.
When is the meeting?	4798	Pour quand est la réunion?

When I was at school	4799	Lorsque j'étais à l'école
When did you arrive in Paris?	4800	Depuis quand êtes-vous à Paris?
Whenever I see it I	4801	Chaque fois que je le vois je
You may come whenever you like.	4802	Vous pouvez venir à n'importe quel moment.
Where on earth have you been?	4803	Où diable étiez-vous?
That is where you are mistaken.	4804	Voilà où vous vous trompez.
Whether he comes or not	4805	Qu'il vienne ou non
Which way do we go?	4806	Par où allons-nous?
Tell me which is which.	4807	Dites-moi comment les distinguer.
A little while ago	4808	Il y a peu de temps
While this was going on	4809	Sur ces entrefaites
That's another of his whims.	4810	C'est encore une de ses lunes.
He is full of whims.	4811	Il a des rats dans la tête.
He has the whip hand.	4812	Il a le dessus.
My head is in a whirl.	4813	La tête me tourne.
He whisked past us.	4814	Il nous a passé comme le vent.
He spoke in a whisper.	4815	Il parlait bas.
I'm going to wet my whistle.	4816	Je vais me rincer le tuyau.
He was as white as a ghost.	4817	Il était pâle comme la mort.
Who did you say?	4818	Qui ça?
Who does he think he is?	4819	Pour qui se prend-il?
He swallowed it whole.	4820	Il a pris ça pour de l'argent comptant.
The whole amounts to	4821	Le total se monte à
As a whole	4822	Dans son ensemble
Who else?	4823	Qui d'autre?
Why didn't you say so?	4824	Pourquoi ne le disiez-vous pas?

It drives me wild to think . . .	4825	Cela me fait enrager quand je pense . . .
The news spread like wildfire.	4826	La nouvelle a fait flamme.
He has a will of his own.	4827	Ce qu'il veut il le veut bien.
Where there's a will there's a way.	4828	Vouloir c'est pouvoir.
He did it of his own free will.	4829	Il l'a fait de son plein gré.
Do as you will.	4830	Faites comme vous voudrez.
Oh! he will, will he?	4831	Ah, vraiment, c'est comme cela?
I'm willing to do it.	4832	Je veux bien le faire.
Willing or not.	4833	Bon gré mal gré.
I win the toss.	4834	Je gagne à pile ou face.
He winced at the remark.	4835	Cette observation l'a crispé.
He didn't wince.	4836	Il n'a pas bronché.
He knows which way the wind blows.	4837	Il sait d'où vient le vent.
There's something in the wind.	4838	Il se prépare quelque chose.
He has the wind up.	4839	Il a le trac.
He's a windbag.	4840	Il parle pour ne rien dire.
Wipe your nose.	4841	Mouchez-vous.
A word to the wise is sufficient.	4842	A bon entendeur, salut.
He is none the wiser.	4843	Il n'en sait pas plus long pour cela.
It was done against my wishes.	4844	Cela s'est fait à l'encontre de mon désir.
What more can you wish for?	4845	Que voudriez-vous de plus?
I wish he would come!	4846	J'aimerais qu'il vienne!
How I wish I could!	4847	Si seulement je pouvais!
Are you out of your wits?	4848	Vous avez perdu le sens commun!
I'm at my wit's end.	4849	Je ne sais plus que faire.

I shall be with you in a moment.	**4850**	Je serai à vous dans un moment.
I am with you there!	**4851**	J'en conviens!
Within sight	**4852**	En vue
Within a radius of ten miles	**4853**	Dans un rayon de dix milles
Within the week	**4854**	Avant la fin de la semaine
Within the next five years	**4855**	D'ici cinq ans
Within a short time	**4856**	A court délai
It goes without saying that	**4857**	Il va de soi que
He called me as a witness.	**4858**	Il m'a cité comme témoin.
I'm as hungry as a wolf.	**4859**	J'ai une faim de loup.
He wolfs his food.	**4860**	Il engouffre sa nourriture.
He's nothing but an old woman.	**4861**	Ce n'est pas un homme.
The wonder is that	**4862**	Ce qui m'étonne, c'est que
No wonder that	**4863**	Il n'est guère étonnant que
For a wonder she was on time.	**4864**	Chose étonnante elle était à l'heure.
I do not wonder at it.	**4865**	Cela ne m'étonne pas.
That isn't to be wondered at.	**4866**	Ce n'est pas étonnant.
I wonder why he doesn't come.	**4867**	Je me demande pourquoi il ne vient pas.
We are not out of the woods yet.	**4868**	Nous ne sommes pas encore hors de danger.
I was wool-gathering.	**4869**	J'étais dans la lune.
In other words	**4870**	En d'autres termes
In the words of	**4871**	Selon l'expression de
He is a man of few words.	**4872**	C'est un homme qui parle peu.
He never uttered a word.	**4873**	Il n'a pas soufflé mot.
I can't get a word out of him.	**4874**	Je ne peux pas en tirer un mot.
I tried to get a word in.	**4875**	J'ai voulu placer un mot.
Without a word	**4876**	Sans mot dire

You take the words right out of my mouth.	4877	C'est justement ce que j'allais dire.
It's too silly for words.	4878	C'est d'une bétise indicible.
Put in a good word for me.	4879	Glissez un mot pour moi.
I left word that	4880	J'ai fait dire que
He broke his word.	4881	Il a manqué à sa parole.
Take my word for it.	4882	Vous pouvez me croire sur parole.
He is a man of his word.	4883	C'est un homme de parole.
Upon my word!	4884	C'est trop fort!
Good work!	4885	Voilà du bon travail!
I'm working at top speed.	4886	Je travaille d'arrache-pied.
He does their dirty work.	4887	Il fait leurs sales besognes.
That is some of his work.	4888	Voilà un chef-d'œuvre de sa façon.
I have work to do.	4889	J'ai à faire.
I have my work cut out.	4890	Cela va me donner de quoi faire.
It's all in a day's work.	4891	C'est l'ordinaire de mon existence.
He is out of work.	4892	Il est sur le pavé.
I have forgotten how it works.	4893	J'ai oublié comment ça marche.
She is working her fingers to the bone.	4894	Elle se tue au travail.
What in the world is the matter with you?	4895	Que diable avez-vous?
She is all the world to me.	4896	Elle est tout pour moi.
I would give the world to know	4897	Je donnerai n'importe quoi pour savoir
It's the way of the world.	4898	Ainsi va le monde.
He has gone down in the world.	4899	Il a connu des jours meilleurs.

That will do you a world of good.	4900	Cela vous fera un bien infini.
I'll worm it out of him.	4901	Je saurai lui tirer les vers du nez.
What's your worry?	4902	Qu'est-ce qu'il y a qui cloche?
Something is worrying him.	4903	Il y a quelque chose qui le tourmente.
What is worrying you?	4904	Qu'est-ce qui vous inquiète?
Don't worry your head about me!	4905	Ne vous inquiétez pas pour moi!
You have no cause to worry.	4906	Vous pouvez dormir sur les deux oreilles.
Don't you worry!	4907	Ne vous tracassez pas!
What's the use of worrying?	4908	A quoi bon se tourmenter?
You look worried.	4909	Vous avez l'air soucieux.
You are only making things worse.	4910	Vous ne faites qu'empirer les choses.
It might have been worse.	4911	Ce n'est qu'un demi-mal.
What is worse	4912	Le pire est
So much the worse for him.	4913	Tant pis pour lui.
I am none the worse for it.	4914	Je ne m'en trouve pas plus mal.
You might do worse.	4915	Vous pourriez faire pis.
The worst of it is that	4916	Le pis est que
He got the worst of it.	4917	Il en avait le dessous.
If the worst comes to the worst	4918	En mettant les choses au pis
That is worth something.	4919	Cela a de la valeur.
It is not worth the trouble.	4920	Cela ne vaut pas la peine.
Is it worth it?	4921	Cela en vaut-il la peine?
It's not worth mentioning.	4922	Cela ne vaut pas la peine qu'on en parle.
Life wouldn't be worth living.	4923	La vie serait intolérable.

It is worth seeing *or* hearing.	**4924**	Cela mérite d'être vu *ou* entendu.
Give me two dollars' worth.	**4925**	Veuillez m'en donner pour deux dollars.
I want my money's worth.	**4926**	J'en veux pour mon argent.
He's a worthless fellow.	**4927**	C'est un vaurien.
It is worthy of note that	**4928**	Il est à noter que
Do wrap up!	**4929**	Couvrez-vous bien!
He is a perfect wreck.	**4930**	Sa santé est ruinée.
I wrenched my ankle.	**4931**	Je me suis foulé la cheville.
You little wretch!	**4932**	Petit fripon!
I feel wretched.	**4933**	Je suis mal en train.
He is trying to wriggle out of it.	**4934**	Il cherche une échappatoire.
I'll wring his neck!	**4935**	Je lui tordrai le cou!
My stockings are wrinkled.	**4936**	Mes bas sont en accordéon.
He wrinkled his forehead.	**4937**	Il fronçait le sourcil.
That was not written by me.	**4938**	Cela n'est pas écrit de ma main.
How is it written?	**4939**	Comment cela s'écrit-il?
This pen won't write.	**4940**	Cette plume ne marche pas.
That's nothing to write home about.	**4941**	Il n'y a là rien d'étonnant.
I'll write you out a cheque.	**4942**	Je vais vous faire un chèque.
My writing is bad.	**4943**	J'ai une mauvaise écriture.
If I'm not wrong	**4944**	Si je ne me trompe
Something's gone wrong.	**4945**	Il y a quelque chose qui ne va pas.
Correct me if I'm wrong.	**4946**	Qu'on me reprenne si je fais erreur.
That was very wrong of you!	**4947**	C'était très mal de votre part!
My watch is wrong.	**4948**	Ma montre ne marche pas bien.

You've got the answer wrong.	**4949**	Votre solution n'est pas juste.
You are not far wrong.	**4950**	Vous ne vous trompez pas de beaucoup.
That's just where you are wrong.	**4951**	C'est justement ce qui vous trompe.
Your shirt is wrong side out.	**4952**	Votre chemise est à l'envers.
That is wrong side up.	**4953**	Ça c'est sens dessus dessous.
He took me the wrong way.	**4954**	Il a pris le contre-sens de mes paroles.
I have just swallowed the wrong way.	**4955**	Je viens d'avaler de travers.
I went to the wrong house.	**4956**	Je me suis trompé de maison.
That is the wrong book.	**4957**	Ce n'est pas le livre qu'il faut.
I took the wrong road.	**4958**	Je me suis trompé de chemin.
He said the wrong thing.	**4959**	Il a mis les pieds dans le plat.
What's wrong with you?	**4960**	Qu'avez-vous?
There is something wrong with me.	**4961**	Il y a quelque chose qui ne va pas.
There's something wrong somewhere.	**4962**	Il y a quelque chose qui cloche.
I hope there's nothing wrong.	**4963**	J'espère qu'il n'est rien arrivé.
What's wrong with that?	**4964**	Qu'avez-vous à redire à cela?
Two wrongs don't make a right.	**4965**	Deux noirs ne font pas un blanc.
I was in the wrong.	**4966**	J'étais dans mon tort.
You did wrong.	**4967**	Vous avez mal agi.
I got in wrong with him.	**4968**	Je me suis fait mal voir de lui.
Things are going wrong.	**4969**	Les affaires se gâtent.
He pulled a wry face.	**4970**	Il a fait la grimace.
He uses words a yard long.	**4971**	Il se sert des mots longs d'une toise.

What yarn is he spinning now?	4972	Qu'est-ce qu'il raconte?
I was yawning my head off.	4973	Je bâillais comme une carpe.
He is in my year.	4974	Il est un confrère de classe.
Years ago	4975	Il y a bien des années
In after years	4976	Dans la suite
He is getting on in years.	4977	Il prend de l'âge.
He yelled with pain.	4978	Il a hurlé de douleur.
He has yet to learn.	4979	Il lui reste à savoir.
I'll do it yet!	4980	J'y arriverai!
If I were you	4981	A votre place
Never you mind!	4982	Ça c'est mon affaire.
We are only young once.	4983	Jeunesse n'a qu'un temps.
I'm not so young as I was.	4984	Je n'ai plus mes jambes de vingt ans.
You are looking years younger!	4985	Comme vous avez rajeuni!
Your turn!	4986	A vous!
He is a friend of yours.	4987	C'est un de vos amis.
That is no business of yours.	4988	Cela ne vous regarde pas.
That added zest to the project.	4989	Ça a donné du piquant à l'aventure.
Put a zip into it!	4990	Mettez-y du nerf!
He zipped past us.	4991	Il nous a passé comme un éclair.

ENGLISH INDEX

E

F

O

object, 2186, 2187
objection, 2188, 2189
objectionable, 2190
obligation, 2191
oblige, 2192, 2193
observant, 2194
obtainable, 2195
obvious, 2196, 2197
obviously, 2198
occasion, 2199, 2200
occupation, 2201
occur, 2202, 2203
occurrence, 2204
odd, 2205-2208
odds, 2209, 2210
of course, 607
off, 2211-2218
offend, 2219
often, 2220-2223
old, 2224-2227; getting old, 59; old
    guard, 1293; old school, 1293; old
    woman, 4861
on, 2228, 2230; on account, 30; on
    board, 336
once, 2231-2235
one, 2236-2239
open, 2241-2243
opening, 2244
opinion, 2240, 2245
opportunity, 2246
opposite, 2247, 2248
order, 2250-2256
ordinary, 2257
others, 2258-2261
ought, 2262-2265
out, 2250, 2251, 2266-2273, 4003; out
    of date, 667
outcome, 2274
outdoors, 2275
outline, 2276
outrageous, 2277
outright, 2278, 2279
outset, 2280
outside, 2281
outspoken, 2283
outstretched, 2284
over, 2285-2295
overcharge, 2296
overcrowded, 2297
overdo, 2298
overdrawn, 2299
overheard, 2300
overjoyed, 2301
overlook, 2302, 2303
oversight, 2304
overstep, 2305

owe, 2306
owing, 2307
own, 2308-2311; own way, 1233

P

pack, 497, 998, 1777, 2312
packed, 2313
pain, 2314
pains, 2315
paint, 2316
painting, 2383
pancake, 1026
par, 2317
parking, 2318
part, 2319, 2320, 2322-2234
particular, 2325
particulars, 1127
parts, 2321
party, 2326, 2327
pass, 2328-2331
passport, 2249
past, 2332-2334
pat, 2335, 2336
patch, 2337
pathetic, 2338
patience, 2339, 2340
patiently, 2341
pause, 2342
pay, 30, 2343-2349
paying guest, 2350
peach, 2351
pebble, 2352
peg, 2353, 2354
penalty, 2355
penny, 2356
people, 2358, 2359
pep, 2361
per hour, 2362
perfect, 2363, 2364
perish, 2365, 2366
permanent, 2367
person, 2368
personally, 2369
persuaded, 2370
pest, 2371
pet, 2372
puss (face), 2373
pick, 2374-2379, 2382; pick up, 516
pick-me-up, 2381
pick-up, 2380
picture, 2383-2385
pie, 999
piece, 2387, 2388
pieces, 2386
pig, 2389-2391
pin, 468, 2392

Q

quaint, 2644
quake, 2645
quality, 2646
qualms, 2647
quandary, 2648
quarrel, 2649, 2650
quarter, 2651
quarters, 2652
queer, 2653
question, 2282, 2654-2660
quick, 10, 1445, 2661-2663
quiet, 2664-2666
quite, 2667, 2668

R

race, 2669
racket, 2670
rage, 2671
raging, 2672
rain, 2673-2676
rainy day, 1717, 2677
raise, 2678-2680
rake, 4028
range, 2681
rash, 534
rat, 2682
rate, 2683-2685
rather, 2686-2688
reach, 2690
read, 2691-2692
readiness, 2693
ready, 2694-2698
real, 2699
realize, 2701
really, 2700
reason, 2702-2710, 2953
reasonable, 2711
recall, 2712
receipt, 2713, 2714
receive, 2715-2718
recently, 2719, 2720
recklessly, 2721
reckon, 2722, 2723
reckoning, 2724
recognition, 2725
recognize, 2726
recollect, 2727
recollection, 2728
recommend, 2729
reconciled, 2730
record, 2731-2733
recover, 2734
recovery, 2735, 2736
redeeming, 2739

red rag, 2737
red-handed, 2738
redound, 2740
reduce, 2741, 2742
reduced, 2743
reek, 2744, 2745
reel, 2746
re-establish, 2747
refer, 2748-2753
reference, 2754-2756
refusal, 2757
refuse, 2758
regard, 2759, 2760, 3339
regards, 2761, 2762
regret, 2763-2765
regular, 2766-2769
regularly, 2770
rejoice, 2771
rejoin, 2772
relapse, 2773
related, 2774, 2775
relation, 2777, 2778
relations, 2776
relax, 2779
relaxation, 2780
release, 2781
reliable, 2782
relief, 2783
relieve, 2785
relieved, 2784
relish, 2786
reluctance, 2787, 2788
reluctantly, 2789
rely, 2790-2794
remain, 2795-2798
remember, 2799-2802
remind, 2803-2806
reminder, 2807
reminiscent, 2808
remit, 2809
removed, 2810
rendered, 2811
renew, 2812, 2813
renewed hopes, 2814
repair, 2815, 2816
repartee, 2817
repay, 2818, 2819
repeatedly, 2820
repent, 2821
report, 2822-2824
reproach, 2825
require, 2827-2831
requirements, 2832
resent, 2833
reserve, 2834
resist, 2835, 2836
resistance, 2837, 2838
resolution, 2839
resort, 2841

T

FRENCH INDEX

A

à, 3121, 4478
abaisser(s'), 3612
abandonner, 647, 731
abattre, 786, 2626
abîmer, 3637; s'abîmer, 4383
abord, 162, 164, 1004, 1069, 1525, 2414, 3536
aboutir, 1725, 4490
abri, 3104
absent, 209, 1259
absolument, 1561, 3273
abuser, 64, 4252
accabler, 631
accepter, 3887, 3915
accident, 242
accommoder(s'), 57
accompagner, 172
accompli, 1001
accord, 98, 102, 173, 561, 2667, 3521, 3966
accordéon, 4936
accorder(s'), 1016, 3452
accoucher, 3438
accoudé, 1730
accoutumer, 4455
accroire, 3838
accueil, 2718, 4759
accueillir, 2717
accuser, 44

acharnement, 1446
achever, 489, 2269
Achille, 4593
acompte, 30, 62
à-coup, 1406
acquis, 889
acquit, 2716
acquitter, 2819
activer, 4574
adresser, 2748; s'adresser, 4327
adroit, 481
advenir, 4781
affaire, 69, 135, 243, 324, 375, 683, 853, 855, 1136, 1263, 1323, 1599, 1600, 1641, 1860, 2181, 2855, 3083, 3763, 3772, 3775, 3975, 4016, 4034, 4159, 4224, 4273, 4401, 4685, 4982
affamé, 3544
afin, 3359
affirmer, 3888
affliger, 1373
affranchir, 2496
agacer, 129
âge, 91, 1785, 1846, 1847, 1848, 2227, 2543, 2925, 3235, 4977
agir, 27, 4240, 4967; s'agir, 2175, 2658, 2461, 3929, 4037
agiter, 749, 4452
agréable, 4755
agréer, 3854
agrément, 2445
aigle, 1163

C

ça, 1537; pas de ça, 2147
ça y est, 4005, 4719
caché, 4355
cacher, 1394, 3101
cachet, 3723
cachette, 2665
cachotterie, 4382
cafard, 335, 705
caisse, 708
calcul, 31
calculer, 986
calmer, 2852, 3075
cambiste, 320, 3303
campagne, 603
camper(se), 3497
cancans, 1280
caractére, 3978, 3979
caresser, 4215
carpe, 4973
carreau, 501, 3039
carrément, 1098
cartes, 397, 398, 1964
cas, 414, 1565, 2072, 2685
casse, 2984, 3084
cassé, 4276
casser, 3185; se casser, 1096
casquer, 3213
cause, 2307
causer, 3540, 3924
causette, 2133
c'est ça, 4719
c'est cela, 3720
ce qu', 1455
ce que c'est, 1171
ce qui, 1928
céder, 1169, 1208, 3100, 3287
cela étant, 3739
censer, 3786
cérémonie, 1145, 4110
cerné, 3181
cerner, 4233
certain, 459
certitude, 426
cesse, 3618
cesser, 3590
chacun, 3138
chahut, 2982
chaise, 1578
chaleur, 1439, 3565
chambre, 781, 1832, 3402
chance, 431, 1820, 1875, 1879, 2387, 3025, 3737
chandelle, 1039, 2818, 3270
changer, 120, 121, 435, 437, 716, 1620
chanson, 3922
chanter, 357

chapeau, 396, 1317, 1347
chaque fois, 4801
charbons, 3564
charger(se), 1746, 4400
charme, 273, 1199
charrue, 412
Charybde, 710
chat, 1121, 1157, 4156
châtier, 2946
chatouillement, 4101
chaud, 510, 4642
chauffer, 1447, 3669
chausser, 3604, 3904
chaussure, 3770
chef-d'œuvre, 4271, 4888
chélem, 320, 3303
chemin, 1189, 1222, 1308, 1724, 2901, 2902, 4696, 4697, 4699, 4702, 4712, 4713
chèque, 4942
cher, 445, 447, 2076, 2296
chercher, 187, 387, 1130, 1961, 4305
cheval, 1085, 1217, 2590, 2887, 3580
cheveux, 4024
cheville, 2337
chez, 1415, 1417, 2407
chic, 1946, 2135, 3769, 3459, 3460, 3722, 3835, 4089
chiche, 3595
chichis, 2542
chien, 1889, 3223
chimpanzé, 1822
chômer, 1542
choisir, 345, 4423
choix, 122
chose, 1143, 1927, 4031, 4274, 4544
   v. grand' chose, quelque chose
chou blanc, 792
chouette, 4089
chronique, 2125
ci-inclus, 859
circulation, 4226
circuler, 813, 2062, 3006
civil, 2420
clair, 471, 1788, 2198, 2423
clan, 4255
claques, 1647
classique, 3527
clin d'œil, 4123
cloche, 423, 1405, 2234, 3263, 4902, 4962; cloche-pied, 1425
clos, 493
clou, 4028
cloué, 3603
cocher, 4095
cochon, 2389
cœur, 501, 741, 980, 1372, 1526, 3279, 3441, 4097
cogner(se), 3695

H

habile, 3903
habiller, 2633; s'habiller, 912
habit, 800, 1211
habitude, 37, 38, 1304, 1663, 2505, 4359,
  4519, 4521, 4525, 4526, 4527
habituer, 1178
haleine, 3326
hanter, 550
hardi, 3250
hasard, 1402, 2512, 3425
hâte, 1465
hâter(se), 1344, 3317
hausse, 2934, 4465
haut, 2151, 2270, 3578, 4480, 4483
hauteur, 884
héritage, 2030
héros, 2768
hésiter, 2342, 4368
heure, 1489, 2362, 2896, 3028, 4129,
  4132; bonne, 760, 1269, 1598, 2447,
  3450, 3533, 4098
heureux, 4763
hic, 3332
histoire, 1810, 3627; de rire, 1602
homme, 1374, 1618, 1801, 2122, 4861
honnêtement, 2893
honneur, 620
honte, 180, 183, 1454, 3199, 3200
honteux, 182
hormis, 938
horreur, 1436, 1437
hors, 295, 1147; d'atteinte, 4360; de
  danger, 4868; de là, 4003; de moi,
  2340; de portée, 2690; de prix, 915
huile, 1031
huit, 671
huitaine, 4742
humeur, 260, 1462, 2150; de chien, 4641
humour, 3143
hurler, 4978
hydrophile, 602

I

ici, 382, 3412; d'ici, 315, 4013, 4855;
  par ici, 5, 4715
idée, 50, 1045, 1358, 1359, 1480, 1484,
  1486, 1504, 1553, 1994, 2173, 2203,
  2426, 2555, 3673, 3712, 3762
idiot, 18, 1052
ignorer, 4362, 4363
illusion, 1687
imaginer, 1501, 3014
imbécile, 1488
impasse, 1193, 2648
impatienter, 1585; s'impatienter, 2860

impertinent, 1111
impitoyablement, 4441
importance, 1933, 1972
importer, 147, 404, 853, 1511, 1942,
  2003, 4709, 4802, 4897
importuner, 2608
imposer(s'), 1509
impossible, 4051
impôts, 3951
impression, 1515, 1517, 3395, 3674, 4427
imprévu, 579, 856, 3473, 4415
improviste, 3803, 4416
inaperçu, 520, 4402, 4424, 4443
inattention, 4422
incapable, 2334
incertitude, 4370
incessament, 2029
incommode, 4706
incompris, 4386
inconvenant, 1520
inconvénient, 2189
inculpation, 440
indicateur, 1299
indication, 3421
indicible, 4878
indigestion, 1541
indigne, 2277
indiquer, 722, 2197
indiscrétion, 943, 2993
indisposée, 4460
inévitable, 2164
infini, 4900
infirme, 622
information, 1549, 1555
informer, 1556, 3958
infuser, 3516
ingrate, 4001
innocent, 2528
innover, 434
inquiéter, 2853, 4285, 4904, 4905
inquiétudes, 138
insérer, 989
insister, 2989, 4494, 4497
insolent, 1523
inspiration, 3478
instamment, 4498
instant, 142, 1706, 2027, 4557
instantané, 392
instruction, 1551
insu, 220, 4365, 4431
intentions, 1948
interdite, 490
intéressant, 2014
intéresser, 72
intérêt, 1571, 2345
intimes, 1554
intolérable, 4923
intrigue, 2450
intriguer, 634, 1297, 2643